Z. 2281.
D – 2.

P.

24344

ESSAI
SUR
LES ERREURS
ET LES
SUPERSTITIONS
Antiennes & Modernes.

Par M. L. Castilhon.

Nouvelle Edition, revue, corrigée & considé-rablement augmentée.

TOME II.

A FRANCFORT,
Chez Knoc & Eslinger.

M. DCC. LXVI.

Sic volvenda ætas commutat tempora rerum:
Quod fuit in pretio, fit nullo denique honore:
Porro aliud succedit, & ex contempribus exit,
Inque dies magis appetitur, floretque repertum
Laudibus, & miro est mortales inter honore.
　　LUCRET. *Lib. V. Vers.* 1275, *&c.*

ESSAI
SUR
LES ERREURS
ET LES SUPERSTITIONS
Anciennes & Modernes.

CHAPITRE XVII.

Des voyages d'Apollone & de ses fourberies.

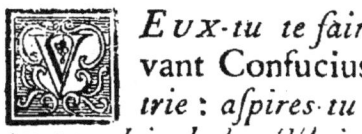Eux-tu te faire un nom ? dit le sçavant Confucius, *éloigne-toi de ta patrie : aspires-tu à la gloire, & veux-tu acquérir de la célébrité ? hâte toi de quitter la ville où tu es né, quand même tu ne désirerois que d'étendre ta renommée dans cette même ville où tu as reçu le jour.* Cette maxime est très-sage, elle peut être fort utile : mais n'en déplaise au Prince des Lettrés, Appollone n'a-

A 2

voit nul béfoin de voyager pour fe rendre fameux : il jouiffoit de la plus éclatante réputation bien du tems avant qu'il fongeât à fortir de l'enceinte de Tyane : fon nom étoit célébre à Rome & dans la Gréce, où on le regardoit comme le plus grand des hommes, comme un génie fupérieur, un être tout-à-fait extraordinaire, en un mot, comme un Dieu. Mais Apollone voyagea, foit pour juftifier par des fraudes adroites les merveilles étonnantes qu'on racontoit de lui, foit pour achever d'éblouir par des preftiges préparés avec art, les nations déjà perfuadées de fa puiffance & de fa divinité, foit pour montrer à la crédulité des peuples l'ami & le vengeur des Dieux, le reftaurateur du paganifme, le protecteur des temples & des autels abandonnés, des facrifices négligés, des oracles muets, & tombés depuis quelques années dans l'aviliffement. Il eft très-vraifemblable encore qu'Apollone entreprit de pénibles voyages, afin d'étudier & de connoitre les différentes cérémonies religieufes, les dogmes & les cultes qu'il s'étoit propofé de rétablir.

Quoiqu'il en foit, Apollone affez inftruit, & déjà tout formé à l'impofture, fortit avant le premier jour de fa quatorzième année, de Tyane, où il étoit adoré, pour aller ranimer jufqu'aux extrémités de la terre les fuperftitions éteintes, ou plutôt, dans la vue d'aller chercher les matériaux de l'absurde sistême, de la folle doctrine & de la ridicule législation qu'il avoit projetté de publier aussitôt qu'il auroit acquis chez les peuples qu'il alloit visiter, autant d'autorité qu'il en avoit parmi ses imbèciles concytoyens.

Ce fut à Tarse, capitale de la Cilicie, & ensuite dans la petite ville d'Eges qu'Apollone s'arrêta, moins pour en éclairer les habitans, que pour s'instruire lui-même sous le philosophe Euxène, le plus corrompu des hommes, maitre, à tous égards, bien digne du disciple qui venoit écouter ses leçons. Il est vrai, dit Damis, qu'Euxène se livroit sans pudeur à la bassesse de ses goûts, & qu'il ne rougissoit pas de se plonger, même en public, dans la plus infame débauche. Mais auprès du vrai Sage, l'exemple le plus dangereux est sans force & la licence sans attrait. Apollone se garantit de la perversité d'Euxène, profita de ses préceptes, & méprisa ses mœurs. Tout entier à la philosophie, il se retira à l'âge de seize ans, dans une solitude des environs ; & là, fortement occupé de ses spéculations, il embrassa la vie des Pythagoriciens, renonça pour jamais au vin, à la chair & au sang des animaux, s'exerça a marcher nuds pieds, laissa croître ses cheveux, & ne porta que des vétemens de lin, par respect pour les animaux, qu'il étoit injuste & barbare, disoit-il, de dépouiller pour se vêtir.

Que par excès de vanité, ou dégouté du monde par la frivolité de ses plaisirs, un homme déja vieux, mélancolique & inutile à la société, consacre le reste de sa vie à l'étude des sciences qu'il feint de mépriser, à l'instruction des hommes qu'il mésestime tous, & à la philosophie dont il affecte de méconnoître l'utilité, les douceurs & les avantages; c'est ce qu'on a vû mille fois depuis Diogène le premier des Cyniques, jusqu'à nos jours, où sa secte n'est pas encore totalement éteinte. Mais que dans l'âge des passions, que doué par la nature des qualités les plus aimables, comblé des dons de la fortune, placé dans un rang éminent un jeune homme préfére la solitude & les austérités de la philosophie à l'attrait des plaisirs, & aux agrémens plus séduisans encore de la société; c'est un exemple que personne n'avoit donné à Apollone, & que peu d'hommes après lui ont eu la force d'imiter. La nouveauté de ce genre de vie, l'âge, la beauté, la science & la réputation du jeune Philosophe, lui tinrent lieu de vertus, & lui concilièrent l'estime & le respect de la multitude : car alors, comme aujourd'hui, pour se faire un grand nom, & pour devenir l'objet de la vénération publique, il suffisoit d'affecter de la gravité de parler impérieusement aux hommes, de défendre avec audace les opinions les plus absurdes, de mépriser les usages reçus, de faire la satire des loix, des coutumes, des mœurs, de faire par orgueil l'éloge de la vertu, de la justice & de l'humanité, quoiqu'on ne fut sensible qu'aux éblouissemens de la vanité, qu'on fut injuste par intérêt, & insensible par caractère. Mais la foule trop aveugle pour deviner les motifs d'Apollone, & percer à travers sa profonde dissimulation, le crut tel qu'il vouloit paroitre. La sévérité de sa conduite, la décence de ses discours & son zèle pour les Dieux, grossissoient chaque jour la foule de ses admirateurs, qui alloient dans sa retraite pour le consulter, & recevoir comme autant d'infaillibles oracles, toutes les réponses, folles ou raisonnables, qui sortoient de sa bouche.

Quand Appollone se fut assuré de la confiance publique, & qu'il eut acquis sur les esprits ce dégré d'autorité si nécessaire aux imposteurs qui veulent asservir les têtes foibles au joug des superstitions, & enflammer leur imagination exaltée du feu du fanatisme, il prit une route nouvelle, & commença le cours de ses adroites fourberies. Il supposa une ordre exprès des Dieux, & quittant sa solitude il revint à Èges s'enfermer dans le temple d'Esculape, où, d'accord avec les Prêtres, il opéra une foule de prodiges, guérissant en un jour plus de maladies que le fils d'Apollon lui-même n'en avoit guéri dans l'espace de plusieurs siécles. Il trouva tant de crédulité dans les esprits, & il eut si peu d'obstacles à vaincre pour accréditer ses premières impostures, qu'enhardi par ses succès, il commença à annoncer dans le temple même d'Esculape, ses projets de législation, & les grands changemens qu'il s'étoit proposé de faire dans le culte. Les Dieux, disoit-il, m'ont envoyé, sur la terre pour guérir les maladies de l'ame, l'impiété, l'irréligion, l'oubli total des devoirs & des dogmes du paganisme; & si j'ai consenti à guérir quelques infirmités corporelles, ce n'a été que dans la vué de confirmer par ces prodiges la vérité de ma mission : occupé désormais de soins plus importans, de fonctions plus sublimes, je remets au divin Esculape le droit de rendre la santé aux malades qui voudront l'implorer. Dès ce jour Apollone ne se montra plus au peuple que pour lui reprocher ses vices, ses désordres, sa corruption & son impièté ; pour lui annoncer de la part des Dieux mêmes, leur mecontentement & les effets terribles de leur colère prête à éclater sur la terre, si le zèle, la justice, les repentir, la piété ne désarmoient promptement leur courroux. Ainsi ce fut à Eges que s'érigeant en réformateur des mœurs, Apollone tenta ouvertement, pour la première fois, ce que peut l'imposture sur des esprits timides, ignorants & superstitieux. Le succès de ses déclamations, le respect & la crainte qu'elles inspirerent à la foule grossière de ses auditeurs, lui firent concevoir les plus flatteuses espérances. Une circonstance imprévûe vint donner un nouvel éclat à sa gloire naissante, & fixer l'incertitude de ceux qui doutoient encore de sa divinité.

Le pere d'Apollone, ou plutôt, le crédule époux de sa mere, mourut à Tyane, & laissa à ses successeurs une immense fortune. La célébrité d'Apollone, & la sublimité du rang où il s'étoit placé l'élevoient infiniment au-dessus de l'opulence même des Rois. D'ailleurs, regardé comme un Dieu par ses contemporains, & pouvant toutes les fois qu'il le jugeroit à propos, disposer des trésors que la superstition ranimée par ses soins, entassoit dans les temples, il eut été indécent qu'il se fut conduit en homme, & qu'il eut paru avide des biens terrestres, périssables, capables tout au plus de tenter l'avarice, & de flatter l'amour propre des frivoles mortels. Apollone affectant dans cette occasion un héroïque désintéressement, céda ses droits & ses prétentions à son frere ainé, qui jusqu'alors plongé dans la débauche, & coupable des plus honteux excès, avoit été déshérité par son pere. Ce trait de générosité de la part d'Apollone, lui fit un honneur infini, & l'on ne douta plus qu'il ne fut un Dieu, puisque sa manière d'agir étoit si fort éloignée de la conduite ordinaire des hommes. Peu sensible en apparence aux applaudissemens & à l'admiration du peuple, il sortit du temple d'Esculape, & se dérobant aux acclamations publiques, il alla une seconde fois s'enfoncer dans la solitude, où il passa cinq ans dans le plus rigoureux silence, refusant de répondre aux questions qu'on venoit lui proposer, n'adressant la parole à personne, tout entier à la contemplation de la nature, & à la méditation des vérités philosophiques, ne se montrant en public que dans les plus pressantes occasions, & quand la sureté des citoyens exigeoit sa présence, ou quelque grand prodige, comme je le raconterai dans le chapitre suivant.

Les cinq années de silence prescrites aux Pythagoriciens, furent à peine écoulées, qu'Apollone informé du succès de son hypocrisie & de la grande idée qu'on avoit de sa vertu, partit secrétement & avec tant de diligence, que les habitans d'Eges ne le retrouvant plus dans sa retraite, ne manquérent pas de croire qu'il avoit disparu, & qu'il s'étoit frayé, comme les Dieux, une route dans le vague de l'air. Mais, tandis qu'à Aspende, à Eges & dans la Pamphilie, on doutoit s'il étoit remonté dans les cieux, ou s'il étoit allé répandre sa doctrine chez quelques peuples éloignés ; l'imposteur sémoit à Antioche, à Ephèse & dans d'autres villes les erreurs de l'idolatrie ; & à force de prestiges, d'impostures, d'adresse il rétablissoit le culte des divinités qu'on y avoit autrefois adorées, mais qui depuis quelques années y étoient négligées & presque tout-à-fait oubliées.

Les moyens qu'il mettoit en usage pour éblouir les hommes, & relever les autels abandonnées, étoient bien propres à lui attirer des prosélytes. Ces moyens étoient ceux dont les fourbes se sont toujours servis pour égarer les fanatiques. Il ne parloit en public que de la puissance des Dieux, irrités de l'ingratitude & de l'indifférence des hommes ; mais il ne faisoit part des cérémonies religieuses qu'il avoit instituées, & de la véritable manière dont les Dieux vouloient être honorés, qu'à ceux dont il avoit éprouvé l'enthousiasme, la discrétion & la crédulité pendant quatre ans de silence ; & ceux là seulement étoient admis à la célébration de ses mistères sacrès, fêtes superstitieuses, nocturnes & licentieuses, où l'on se livroit tour-à-tour aux accès d'un fanatisme outré, & aux obscénités d'une débauche effrénée. Dans la célébration de ces mistères, où le crime, la superstition & l'impudicité tenoient lieu de décence, de zèle & de recueillement, Apollone régloit impérieusement l'ordre des cérémonies, l'appareil des sacrifices & les prostitutions de la foule sacrilège de ses Initiés.

Le nombre de ses admirateurs grossissoit tous les jours ; le ciel parloit en sa faveur par la bouche des Prêtres ; dans tous les temples les oracles le déclaroient le fils, l'ami, l'égal des immortels ; on le suivoit en foule ; il faisoit des miracles, ou dumoins la multitude donnoit ce nom, non seulement à ses prestiges, mais à toutes ses actions, tant elle étoit persuadée de sa divinité.

Cependant, assuré de la confiance publique, de la docilité des hommes qu'il avoit égarés, & ne craignant plus de perdre l'autorité sans bornes qu'il avoit usurpée, Apollone cessa de donner à ses prosélytes des instructions secrétes ; & se montrant tel qu'il étoit, il donna des ordres en Souverain, & régla en législateur le rétablissement des fêtes & des rites du paganisme. Plus les dogmes qu'il dictoit étoient absurdes, & plus ils paroissoient augustes. La manière dont il prétendoit que les Dieux vouloient être servis, étoit ridicule, insensée & très-souvent impie ; mais il falloit bien, disoit-on, que ce fut là l'unique & la vraie manière d'honorer les Dieux, puisqu'Apollone l'enseignoit, & qu'il avoit lui-même, quoique Dieu, pratiqué ces mêmes cérémonies avant que d'en faire une loi. D'ailleurs, personne n'eut osé former, même en secrét, des soupçons contre ce grand Législateur, qui découvroit tout ce qui se passoit dans l'intérieur des hommes, qui lisoit dans les ames les pensées les plus cachées, & qui, possédant, sans les avoir jamais apprises, toutes les connoissances humaines, parloit avec la même facilité, toutes les langues & tous les idiomes. » Je n'ai quitté ma céleste deméure, disoit-il un jour aux Ephésiens ; je ne suis descendu sur la terre, ni pour vous seulement, ni pour les habitans d'Antioche exclusivement ; mais pour répandre une lumière égale chez toutes les nations : le tems de mon séjour sur la terre est fixé par le destin ; ce n'est que sur l'olympe que ma carrière est éternelle. Heureux les hommes & les peuples qui resteront fidelles à mes préceptes ! Malheur ô Ephésiens, à ceux que le feu de mes paroles n'échaufferont plus, quand ils cesseront de me voir » !

La nuit suivante Apollone partit d'Ephèse suivi de sept de ses plus zèlés disciples : il leur dit que son dessein étoit d'aller dans les Indes instruire les Bracmanes, parcequ'ils méritoient d'être éclairés. La longueur du voyage & les dangers d'une pénible navigation effrayèrent les sept disciples, qui ne se sentant pas le courage d'affronter, pour édifier des Bracmanes, les périls d'une mer orageuse, se séparerent d'Apollonne, qui continua seul la périlleuse route qu'il avoit entreprise. Il alla sans s'arrêter, & accompagné seulement de deux esclaves, jusqu'à Ninive, où il fit la plus riche & la plus précieuse acquisition que puisse faire un imposteur, celle d'un fanatique assez enthousiaste & assez superstitieux pour croire aveuglément, & persuader aux autres tout ce qu'on veut qu'il croye & qu'il persuade. Damis fut ce disciple utile & ce confident intime qu'Apollone s'attacha à Ninive : c'est ce même Damis qui a écrit la vie, les actions & les miracles du fourbe de Tyane.

Pour passer de Ninive à Babylone, Apollone traversa la Mésopotamie, où il se fit admirer par son intelligence dans le langage des oiseaux, dont il interprâta plusieurs oracles importans, comme je le dirai plus bas. Il eut à Babylone des entretiens secrêts avec les Mages, qui émerveillés de sa profonde érudition, & surtout de sa piété, apprirent de lui, dit Damis, bien des choses qu'ils ignoroient, & qui pourtant étoient essentielles au culte, aux sacrifices, & à l'explication des préfages de toute espèce.

Mais les honneurs que les Babyloniens rendirent à Apollone ne purent l'engager à faire un plus long séjour parmi eux : il se devoit, difoit-il, à la terre entière, & non pas à une contrée. Auſſi parut-il peu ſenſible à l'accueil diſtingué qu'il reçut à la cour du Souverain. Avant que d'être admis au pied du trône, on lui préſenta, ſuivant l'uſage, le portrait du Roi des Parthes, pour l'obliger de lui rendre les reſpects ordinaires. Apollone indigné de l'hommage qu'on exigeoit de lui, jetta le tableau contre terre, & le foulant aux pieds : Impies! s'écria-t'il, c'eſt à moi ſeul à qui vous devés de la vénération ; l'homme foible & fragile que vous adorés, ſera trop heureux s'il mérite que je l'eſtime, & ſi le trouvant équitable, je daigne lui donner des éloges. Apollone étoit bien aſſuré de l'aſſerviſſement des Babyloniens & de leur Roi aux ſuperſtitions, pour parler avec tant de hauteur & d'audace contre un Souverain, dans la cour même du deſpote le plus abſolu alors & le plus orgueilleux de la terre. Mais ce ton impérieux & ces propos outrageants qui euſſent perdu tout autre, furent préciſèment les preuves de ſa divinité : car quel autre qu'un dieu, dit le crédule Roi des Parthes, ent oſé parler de moi avec tant d'inſolence.

L'entrée triomphante de l'antique Bachus dans les Indes, ne fut ni plus brillante ni plus majeſtueuſe que celle d'Apollone dans la même contrée ? L'éclat de ſa renommée l'y avoit précédé, & il n'y trouva que des hommes difposés à l'adorer, faciles à croire, & prompts à obéir. Phraote, le plus puiffant des Souverains qui règnoient dans les Indes, fe dépouillant des marques de la royauté fe profterna devant le fourbe, lui offrit de l'encens, implora fa protection, & le conduifit lui même à Hiarchas, chef des Bracmanes, dont le nombre autrefois fi confidérable, avoit diminué au point que dans toute l'étendue des Indes, il n'y en avoit plus que dix huit; mais leur orgueil s'étoit accru à proportion de l'étonnante diminution que l'Ordre entier avoit éprouvé, comme les fleuves dont le cours rapide eft plus impétueux à mèfure qu'ils coulent dans des lits plus étroits.

Peu fatisfait des honneurs & de l'autorité du facerdoce, ces dix huit Bracmanes s'étoient placés eux-mêmes au rang des dieux, & la fuperftition des Indiens étoit telle qu'on ne doutoit point de leur divinité. Mais devant Apollone, ces Dieux n'oférent foutenir leurs folles prétentions à la puiffance fuprème, & ils lui avouèrent qu'ils n'étoient que des hommes. Apollone n'eut garde de trahir leur fecrêt; il eut au contraire pour eux beaucoup d'égards, leur parla comme à fes égaux, & s'enfermant avec eux pendant quatre mois, s'inftruifit de leurs erreurs, en adopta la plus grande partie & leur fit part des fiennes. Cette longue retraite ne fut point

point interrompuë : aucun profane ne fut admis à leurs conférences ; l'entrée du palais des Bracmanes fut interdite à Phraote & à Damis lui-même. Aucun Prêtre ne sortit durant ces conférences, les temples restèrent fermés, les sacrifices suspendus, & tout culte cessa, tant on craignoit, observe Philostrate, de troubler les dieux de l'Inde assemblés en conseil avec le Dieu de Tyane.

Instruit des dogmes des Bracmanes, Apollone sortit de l'Inde également chéri & regretté des peuples, des Prêtres & des Rois. il s'embarqua, & remontant jusqu'à l'embouchure du Tygre, il revint à Babylone, ne s'y arrêta point, & passant par Ninive, alla chercher quelque repos à Antioche, & n'y trouva que des désagrémens, les habitans de cette ville refusant de l'adorer comme un Dieu, & le menaçant, soulevés par les Prêtres qu'il avoit mécontentés, de le traiter en imposteur, s'il ne se déroboit par une prompte fuite aux chatimens qu'il avoit mérités. Apollone maudit les sacrilèges habitans d'Antioche, & les abandonnant à leur impiété, il se hâta de passer en Yonie, où flatté de la vénération qu'on eut pour sa vertu, & plus encore de la docilité des Smyrniens & des Ephésiens pour ses folles erreurs, il séjourna près de deux ans tantôt à Smyrne, & tantôt à Ephèse, où il eut le bonheur d'entreprendre avec un succès vraiement prodigieux, ce qu'il nommoit *la réformation des mœurs*, c'est-à-dire, l'égarement total du peuple, & l'asservissement des esprits aux superstitions.

Mais trop ambitieux de gloire & d'applaudissemens pour se fixer longtems dans un même pays, Apollone alla d'Yonie à Ilium, d'où il se rendit à Lesbos, & de-là à Athènes, qui depuis bien des années, désiroit de le voir dans ses murs. Enchantés de le posséder, les Athéniens prosternés devant lui, s'empressèrent de lui rendre les honneurs divins, & reçurent, sans hésiter, toutes les loix qu'il jugea à propos de leur prescrire, soit à l'égard du culte, soit relativement aux mœurs; & ce que n'avoient pu la raison, ni les exhortations des Sages, ni l'intérêt de l'humanité, Apollone l'obtint d'un seul mot, & sans employer d'autre moyen que celui de la persuasion: il parla au nom des Dieux; son éloquence éteignit aussitôt la passion effrénée que ce peuple avoit eue jusqu'alors pour le spectacle sanguinaire des gladiateurs. Dès cet instant l'arène cessa d'être souillée à Athènes du sang des combattans. Cet acte de docilité de la part de la plus indocile nation de la terre, flatta beaucoup l'amour propre d'Apollone, qui, tout énorgueilli de ce succès, ne se contraignit plus, & força impérieusement le reste des villes de la Grèce à adopter ses dogmes fanatiques, & à respecter les anciennes superstitions qu'il rétablit en tous lieux, à la grande satisfaction des Prêtres des faux Dieux.

Corrompus à l'excès depuis plus de deux siécles, entrainés par le goût des plaisirs, énervés par la débauche & plongés dans les plus sales débordemens, les Grecs ne résistèrent point aux peintures séduisantes qu'Apollone faisoit de la vertu, & renonçant aux vices, ils coururent en foule implorer les Dieux dans leurs temples, immoler des victimes, consulter les oracles, renouveller les antiques cérémonies, & se livrer à toute sorte de superstitions ; tant étoient redoutables les traits sous lesquels l'imposteur leur avoit représenté les Dieux abandonnés & prêts à venger leur puissance offensée. Corinthe fut sans habitans le jour qu'Apollone y entra ; les Citoyens informés de sa prochaine arrivée, quittèrent tous la ville, & allèrent le recevoir à une grande distance. Damis assure qu'il avoit tant d'empire sur les esprits, que le jour même qu'il entra dans Lacédémone, il engagea les Spartiates, quelque forte que fut leur passion pour les plaisirs, le luxe & l'indolence, à embrasser dans toute son austérité, leur ancienne manière de vivre & de se gouverner, telle que leurs ancêtres l'avoient reçue de Lycurgue : mais comme Damis est le seul qui parle de ce grand prodige, & que d'ailleurs tous les Historiens rapportent unanimement que les Lacédémoniens, une fois dégénérés, ne reprirent plus leur antique vertu, on peut se dispenser d'ajouter foi à ce récit, qui seroit, s'il étoit vrai, plus surprenant que tous les miracles que la superstition des Anciens a attribués au Prophète de Tyane. Les contradictions perpétuelles de Damis dans son récit du voyage d'Apollone à Lacédémone, me font même douter qu'il se soit jamais montré dans cette ville, presque inhabitée de son tems, & où il eut répandu, sans gloire & peut-être sans succès, les superstitions & les erreurs qu'il vouloit accréditer.

Il n'en est pas de même de son voyage en Crète, la plus brillante & la plus glorieuse de ses courses ; car si l'Ecrivain Philostrate n'altère point la vérité, les Crétois eurent pour Apollone plus de vénération & de docilité que leurs peres n'en avoient eu jadis pour le sage Minos.

Le fanatique restaurateur du paganisme, avoit assez longtems essayé ses forces; sa doctrine, ses folies, ses dogmes, ses erreurs infectoient depuis une assez longue suite d'années l'Asie & la plus grande partie de l'Europe ; il ne lui manquoit plus que de voir les Romains assujettis au joug de ses superstitions : il tenta cette grande entreprise, & elle réussit au-delà de ses espérances. De l'Isle de Créte, où il ne lui restoit plus de prosélytes à faire, d'hommes foibles à égarer, il étoit passé à Rome, où l'on prétend qu'il opéra les plus étonnantes merveilles, jusque-là que, suivant Philostrate, il éclipsa les douze travaux d'Hercule & la suprême puissance du Jupiter d'Homère : mais la gloire qu'il acquit par ses discours & ses prodiges, pensa lui devenir funeste. Rome gémissoit alors accablée sous le joug tyrannique de Néron : ce monstre détestoit également les Sages & les scélérats; il avoit trop à rougir de la vertu des uns, il avoit tout à craindre de l'audace des autres. Ses flatteurs lui persuaderent qu'il étoit dangereux de souffrir des Philosophes dans sa Capitale, & que son trône risquoit d'être renversé tôt-ou-tard par la philosophie; c'en fut assez pour irriter l'humeur féroce de Néron & pour le pénétrer de crainte : dès ce moment tout Philosophe lui parut un rébelle, & il jura d'anéantir, à force de proscriptions, jusqu'au nom de philosophie. Dans cette vûe il fit publier un édit, par lequel il ordonnoit, sous peine de la vie, à tout Philosophe de profession, ou soupçonné de l'être, de s'eloigner de Rome avant le coucher du soleil, & de se retirer aux extrémités de l'Empire. Alors, comme dans tous les tems, les vrais disciples de la philosophie s'instruisoient sans prétention, éclairoient sans orgueil leurs concitoyens, & surtout n'affectoient point de se donner mutuellement le nom de Philosophes : ceux-là vécurent tranquilles au milieu de la persécution. Mais il y avoit à Rome une foule d'hommes oisifs, inutiles à la société, enorgueillis des connoissances qu'ils ne possèdoient pas, fastueux dans leurs déclamations, se donnant hautement le nom de Philosophes, & affichant, pour toute philosophie, du mépris pour tous les usages reçus, beaucoup d'entousiasme pour la vertu, un dédain revoltant pour tout ce qui n'étoit point eux, une extrême négligence dans les manières ainsi que dans les vétemens, & des propos hardis sur les loix, sur les mœurs & sur la subordination. Ce furent là les Philosophes qui furent obligés d'obéir à l'édit de Néron, & de s'éloigner au plus vite de Rome : ils reconnoissoient tous Appollone pour leur chef, il fut le premier à se soustraire aux menaces de Néron, & il s'en fut de Rome à Cadix, où, rassuré par la distance qui le séparoit de la cour de Néron, il souleva, pour se venger, le peuple contre lui, excita l'ambitieux Galba à lever l'étendart de la révolte, lui conseilla & lui indiqua même à ce qu'on prétend, les moyens d'usurper le trône. Cadix, ainsi que Rome & les villes principales de l'Empire, étoit rempli de délateurs : Apollone avoit hautement parlé contre le Souverain, il craignit d'être puni, & il fut se cacher dans les lieux les plus reculés de l'Afrique. Il resta peu dans sa retraite, & trop ambitieux pour sacrifier à la sureté de sa vie l'intérêt de sa gloire, il revint en Toscane ; mais bientôt il y fut découvert, & il alla chercher un azile plus sûr dans les rochers de la Sicile. Ce fut là qu'il reçut la nouvelle, plus agréable encore pour lui que pour le reste des Romains, de la mort de Néron. Ses amis le presserent de revenir à Rome : mais soit qu'il y eut des ennemis, soit qu'il aimât-mieux aller chercher des admirateurs dans les païs où il n'avoit pas encore paru, il résista, & se rendit en Achaïe, & le printems suivant, il alla pour la seconde fois en Egypte, où il trouva les peuples fidelles aux dogmes qu'il leur avoit enseignés, & fortement attachés aux erreurs & aux superstitions qu'il avoit répandues chez les Egyptiens dans son premier voyage. Sa célébrité étoit telle, & on avoit de lui une si haute idée, que les villes d'Egypte les plus considérables, pour si peu qu'il s'y arrêtât, pouvoient à-peine contenir les étrangers qui s'y rendoient de toutes parts, curieux de le voir, de l'entendre & de le consulter.

L'Empereur Vespasien, qui malgré ses talens, ses vertus & la majesté de son rang, vivoit servilement assujetti à toute sorte de superstitions, étoit aussi en Egypte ; il vint voir Apollone, & dégradant la majesté de son trône, s'humilia devant l'imposteur de

Tyane, lui parla comme s'il eut parlé aux Dieux, lui fit rendre plus d'honneurs qu'il n'en eut exigé pour lui-même, & le consulta sur l'art de gouverner l'Empire, le conjurant de lui apprendre s'il devoit descendre du trône des Céfars, & abdiquer le sceptre, ou si les Dieux vouloient qu'il continuât de regner. Deux sages Citoyens, vrais amis de Vespasien, Dion & Euphrate lui conseilloient de rétablir l'ancienne République, aussitôt qu'il auroit chassé Vitellius. Apollone n'avoit garde d'approuver un conseil aussi sage. A travers la piété profonde & la superstitieuse docilité de Vespasien, il avoit démêlé son ambition & le désir ardent qu'il avoit de retenir l'Empire; il combattit avec force l'opinion d'Euphrate & de Dion, & commanda de la part du ciel à Vespasien, de ne jamais remettre en d'autres mains, pas même au peuple ou au Sénat, les rênes du gouvernement. Vespasien remercia le fourbe, & lui offrit de riches présens; Apollone ne voulut rien recevoir, s'éloigna de l'Empereur, persuadé de sa divinité, & partit, accompagné de dix de ses plus chers disciples pour l'Ethiopie, dans le dessein d'aller y recevoir les hommages des Prêtres & des Philosophes de ce pays. Euphrate l'avoit précédé, & Apollone fut reçu froidement; mais il vit les Prêtres en particulier, & leur fit sentir combien il étoit de leur intérêt de se lier avec lui. Ce motif dissipa toute prévention, & éteignit dans le cœur des ministres des Dieux d'Ethiope toute étincelle de jalousie ; ils lui donnerent publiquement des marques de la plus grande considération, sacrifierent à son honneur, lui rendirent compte de leurs dogmes, de leur culte, & écouterent, avec soumission, les instructions qu'il leur donna dans des conférences secrettes, qu'Apollone interrompit pour aller, disoit-il, voir les sources du Nil ; mais il n'alla que jusqu'à la troisième cataracte, & revenant sur ses pas, il rentra en Egypte, qu'il ne fit que traverser, & se rendit à Argos, où il trouva Tite, qui lui fit l'accueil le plus distingué.

Apollone employa encore deux années à parcourir successivement toutes les villes de la Phénicie, de l'Yonie, de la Cilicie & de la Grèce ; en sorte que lorsqu'il vint à Rome, Domitien le plus méprisable des hommes, & le plus cruel des tyrans, étoit assis, pour le malheur de l'humanité, sur le trône des Césars. La haine du peuple romain pour le despote sanguinaire qui le gouvernoit, les injustices revoltantes, les proscriptions affreuses, & les crimes de toute espèce de ce farouche Souverain, inspirerent à Apollone le dangereux projet d'une conspiration. Il prit part à la consternation du peuple, souffla dans les cœurs ulcérés le feu de la revolte, peignit Domitien des couleurs les plus odieuses, indiqua aux mécontens les moyens de se délivrer par le fer ou par le poison, du monstre qui les accabloit ; & quand il vit le peuple disposé à tout entreprendre en faveur de la liberté, il jetta les yeux sur Nerva, qui fut dans la suite Empereur, & l'exhorta à se mettre à la tête des Conjurés, & à chasser Domitien du trône qu'il deshonoroit. L'ambitieux Nerva n'eut pas le tems de profiter des conseils d'Apollone, ni celui-ci la liberté d'exécuter l'entreprise hardie dont il s'étoit chargé : ses complots n'échapperent pas à la vigilance des délateurs de Domitien, qui informé de la conjuration, jura d'effrayer les coupables, quelques nombreux qu'ils fussent, par la mort publique, lente & douloureuse qu'il feroit subir à leurs chefs, & par la rigueur des supplices auxquels il livreroit Apollone & Nerva.

Demetrius le Cynique, avertit Apollone des dispositions cruelles de Domitien, & lui conseilla de se soustraire aux tourmens qu'il lui préparoit. Les succès d'Apollone, & surtout le bonheur qu'il avoit eu d'échapper à la haine de Néron, l'avoient rempli de confiance, & sans craindre le danger évident qui menaçoit sa tête, il refusa de s'éloigner de Rome, poursuivit avec audace l'exécution de ses complots, & se laissa arrêter par Cusperius Elianus, qui, malgré son respect pour la philosophie, ne pût se dispenser de l'enchaîner, & de le renfermer étroitement, comme un conspirateur dévoué à la mort. Six jours après, Domitien ordonna qu'on le traînât à ses pieds. Apollone y fut conduit, & l'Empereur l'interrogeant avec fureur, Apollone sans pâlir, sans se déconcerter, répondit tranquillement qu'il n'avoit rien fait d'indigne de sa haute vertu; que les Dieux, quand il le voudroit, attesteroient son innocence, & qu'il ne craignoit ni Domitien ni ses bourreaux, ni ses cohortes, ni tous les hommes conjurés contre lui. Surpris de tant de fermeté, Domitien accoutumé à voir frémir devant lui l'innocence, lui demanda compte des projets de Nerva. Le fourbe de Tyane audacieux à mesure qu'il voyoit l'impression que ses réponses faisoient sur l'esprit de l'Empereur, nia tout, & protesta que Nerva, quoique digne du rang le plus sublime, étoit très-éloigné de s'élever jusqu'au trône par d'injustes moyens; qu'il ne voudroit pas même accepter la puissance suprême, si on la lui offroit, tant il avoit de goût pour la retraite, & de haine pour le faste, la grandeur & l'autorité. L'éloge de Nerva irrita l'Empereur; mais l'air tranquille d'Apollone, son extrême vieillesse, la haute idée que le peuple avoit de sa vertu, & la crainte qui agite l'ame vile des Tyrans plus violemment encore que la férocité, étoufferent dans la bouche de Domitien l'arrêt de mort qu'il s'étoit proposé de prononcer contre Apollone, & feignant de méprifer fes complots, & de braver fa haine, il fe contenta de lui faire couper la barbe; ce qui étoit alors le plus fanglant outrage qu'on pût faire à un Philofophe, & il le renvoya en prifon, chargé de chaînes.

Peu de jours après, l'Empereur flottant entre la crainte de foulever le peuple, s'il envoyoit ce vieillard fur l'échaffaut, & le defir de fe venger, fit encore amener devant lui Apollone: mais toujours intimidé, aulieu de le condamner, il chercha à captiver fon amitié, ne fe fentant point la force de le punir: il lui rendit la liberté, & même le pria, dit on, de lui donner des confeils fur l'art de régir l'empire. Apollone, fans lui rendre graces, & fans repondre à fes demandes, fe perdit dans la foule qui entouroit le trône, & fe retira chez Etienne, le plus zélé de fes difciples, l'efprit rempli de projets de vengeance, & fe promettant bien de laver cet outrage dans le fang de l'Empereur.

Etienne affranchi de Flavie, & chéri à la cour de Domitien, prenoit de bonne foi Appollone pour un Dieu defcendu fur la terre, afin de retablir le paganifme; il recueilloit avec foin, tous les difcours de l'Impofteur, & regardoit toutes fes actions comme autant de prodiges. A la brûlante ardeur qu'avoit Etienne de voir le retabliſſement des anciennes cérémonies, il joignoit une ambition démeſurée, une avidité ſans exemple, un caractère fier, inſolent & cruel. C'étoit-là le vengeur qu'il falloit á Apollone; auſſi lui remit-il, ſans même qu'Etienne s'en doutât, le ſoin de le venger. Apollone ne lui parla que des intérêts ſacrés de la religion, offenſée par les crimes & par l'impiété de Domitien. C'eſt à vous, lui diſoit-il, à venger les Dieux des ſacrilèges attentats de Céſar; écoutés-les, ces Dieux outragés depuis tant d'années par le monſtre d'ingratitude auquel ils ont donné l'Empire : je ne vous parle point, ô vertueux Etienne, de votre propre ſureté, qui vous invite à prévénir par un meurtre ſalutaire, le ſort affreux que le tyran vous deſtine, dans la vûe de s'emparer des tréſors que Flavie vous a laiſſés en partant pour l'exil. Non, ſage Etienne, ce n'eſt que pour les Dieux & au nom des Dieux-mêmes, que je vous preſſe d'abbatre la tête de Céſar.

Quand Apollone vit ſon diſciple embraſé de fanatiſme, & qu'il l'eut pénétré de crainte ſur les deſſeins ſanguinaires de l'Empereur, il l'inſtruiſit des moyens qu'il devoit employer pour ſe rendre chaque jour plus agréable à Domitien, & ſe procurer un accès toujours libre dans ſon palais. Apollone aſſuré de la fidélité d'Etienne à remplir le ſerment qu'il avoit fait de poignarder l'Empereur, sortit de Rome, voyagea en Sicile, parcourut la Grèce, alla en Yonie, & s'arrêta quelque-tems à Ephèse, où il reçut la nouvelle de l'exécution prochaine de la conjuration d'Etienne, & de l'heure à laquelle l'Empereur devoit être égorgé; nouvelle si flatteuse pour lui, qu'il l'annonça au peuple, à l'instant-même où Domitien expiroit à Rome sous le poignard d'Etienne, comme je le dirai dans le chapitre suivant.

Apollone fut si flatté du succès de ce dernier crime, & la manière, en apparence miraculeuse dont il avoit publié la mort de l'Empereur, lui parut si glorieuse, que croyant avoir fait assez pour l'immortalité, & n'espérant point, âgé comme il l'étoit de près de 100 années, que rien pût désormais ajouter à sa renommée, il se détermina à mettre fin à sa vie, & à quitter la terre de la même manière qu'il prétendoit y être descendu, c'est-à-dire par une imposture; en un mot, de dérober sa mort avec tant d'adresse, qu'il ne restât de lui d'autre vestige que sa célébrité, & qu'on ne doutât point qu'il ne fut remonté aux cieux. Il assembla ses nombreux prosélytes, & leur dit que le destin lui avoit ordonné de remonter incessamment au séjour des immortels, d'où depuis près d'un siécle il s'étoit exilé; & en effet, peu de jours après, il disparut, on ne le trouva plus; quelque recherche que l'on fit à Ephèse &

ailleurs, on ne pût parvenir à découvrir son corps. On croit qu'il se précipita dans la mer, ses vêtemens chargés de pierres, de crainte que les flots ne soulevassent son cadavre.

Telles furent les courses, les crimes & les impostures d'Apollone de Tyane : il n'a pas été, à beaucoup près, le plus coupable ni le plus dangereux des Imposteurs ; mais il a du-moins été le plus heureux, le plus adroit & celui dont la célébrité s'est le plus long-tems conservée dans toute son intégrité. Deux siècles encore après sa mort, on l'adoroit à Rome & dans la Grèce comme un Dieu, & sa déification étoit fondée sur quelques-unes de ses impostures, que la prévention publique, la superstition dont il avoit accru l'autorité, & le fanatisme de ses admirateurs, avoient stupidement érigées en miracles, & qui pourtant n'étoient, comme on va s'en convaincre, que des fourberies adroites, & des mensonges imposans.

CHAPITRE XVIII.

Fourberies d'Apollone de Tyane érigées en miracles par la superstition.

ON dit qu'il y a dans les forêts de l'Amérique des Sauvages fort doux, simples, de bonne foi, & dont l'occupation principale est de considérer les légions aériennes, qu'ils croyent voir se livrer dans les nues de violens combats. Ces Sauvages ne sont ni plus foux, ni plus insensés, ni plus superstitieux que la plûpart des nations civilisées. Ils sont persuadés que les nues sont hatées, & ils croyent y voir réellement des hommes, des animaux, des monstres de toutes les espèces; en un mot, tout ce qu'on leur a dit dès leur enfance qu'ils y appercevroient; & ce spectacle, quelquefois agréable, quelquefois effrayant, a pour eux tant d'attraits, même quand il les pénétre de crainte, que ce seroit leur rendre un très-mauvais service, que de les délivrer de cette douce erreur.

C'eut été rendre aussi un très-mauvais service aux contemporains d'Apollone, que d'entreprendre de les guérir de la superstition où ils étoient tombés au sujet de cet Imposteur. On le croyoit tout aussi Dieu que Jupiter

ter & Mars : on citoit quelques uns de ses plus zélés disciples, qui l'avoient vû paroitre & disparoître dans les airs : on le voyoit, disoit-on, dans les temples que la piété publique lui avoit consacrés : le peuple de Tyane, prosterné devant ses autels, l'avoit plusieurs fois distinctement entendu lui-même prononcer des oracles ; on avoit reconnu sa voix : qu'eut-on voulu de plus ? Quelle preuve plus complette pouvoit-il y avoir de sa divinité ? Quelques esprits moins crédules, doutoient pourtant encore du rang suprême d'Apollone. Tous ces récits d'apparition ne les persuadoient pas : qu'on nous montre, disoient-ils, quelques vestiges de sa toute puissance, quelque trace lumineuse & convaincante de la sublimité de sa condition : s'il est Dieu maintenant, & s'il l'a été sur la terre, il a sans doute opéré quelques grandes merveilles; il a fait des miracles, il a dû, par beaucoup de prodiges, confirmer l'éclat de son origine, la vérité de sa mission ; qu'on nous raconte quelque fait extraordinaire & attesté, quelqu'action surnaturelle, & nous le croirons : mais jusqu'alors, qu'on nous permette de ne le regarder que comme un homme ingénieux, sçavant & fort adroit. A ces propos libres & trop pressans, les Prêtres d'Apollone repondoient par des torrens d'injures, & maudissoient les incrédules, qu'ils dévouoient pieusement à l'exécration publique. Mais insulter n'est pas répondre, & malheureusement les Prêtres d'Apollone n'avoient pas d'autre ressource pour prouver la puissance & la divinité de leur idole ; car personne n'avoit encore entendu dire, personne n'avoit osé soutenir qu'Apollone eut fait des miracles, à moins qu'on n'eut donné ce nom à quelques actions très-naturelles, très-simples, ou à quelques entreprises, qui, pour être fort hardies, ne passoient pourtant pas l'intelligence humaine.

Damis, le confident & le disciple d'Apollone, fanatique de bonne foi, souffroit impatiemment ; & pour venger son maitre, des doutes des incrédules, il imagina longtems après la mort du Prophête de Tyane, de publier une énorme collection des miracles prétendus opérés par Apollone. Ce livre eut dû couvrir de honte & celui qui l'avoit écrit, & le Dieu qu'on y célébroit ; mais il en arriva tout autrement, & l'on devoit bien s'y attendre L'enthousiasme des Prêtres servit d'attestation aux prodiges racontés dans cet ouvrage frauduleux, & les anciens admirateurs d'Apollone reçurent avec avidité, le recueil de Damis, qu'ils regarderent comme une production céleste, écrite sous la dictée même de la vérité. Dès cet instant, les miracles annoncés dans cette collection, passerent tous pour constatés, & le fanatisme s'accrut au point qu'il y auroit eu du danger à réfuter l'abfurdité des fables raffemblées dans ce volume.

Le même évènement eft arrivé plus d'une fois, & l'on a toujours vû la multitude fort docile aux récits de ce genre, pour fi peu que ceux qui les ont faits, ayent eu l'art d'en impofer, & affez de fermeté pour donner à leurs monftrueux contes un air d'ingénuité, & ce ton de candeur fi propre à perfuader, quand on n'a à narrer que des faits vrais & autentiques. L'ouvrage de Damis, quoique très-ridicule, eut tant de fuccès, que la plûpart de fes Lecteurs crurent avoir réellement affifté aux prodiges dont ils lifoient, pour la première fois, les fanatiques narrations. On fent avec quel intérêt les Prêtres des faux dieux fe hatèrent de repandre & d'appuyer les vifions de Damis. On comprend aifément auffi quelle grande autorité leur témoignage dut donner à la fuperftition Je fuis bien éloigné de mettre en parallèle l'impofteur Apollone & aucun Philofophe, aucun Sage, foit de l'antiquité, foit de nos jours, fi féconds en faux Sages. Je veux dire feulement qu'en matière de prodiges, les enthoufiaftes, les efprits foibles & les fourbes ont conftamment trouvé dans le peuple les difpofitions les plus heureufes & les plus favorables : je veux dire que relativement à la crédule multitude, le rècit feul d'une action merveilleufe, d'un fait furnaturel, en est presque la preuve.

Le bon Ribadeneira, Jesuite fort pieux & de très-bonne foi, contemporain & compagnon du fondateur Ignace, à la suite de l'éloge accablant qu'il a fait des vertus de ce Moine guerrier, avoue ingénuement qu'il ne comprend pas pourquoi ce saint instituteur n'a fait aucun miracle ni pendant sa vie, ni après sa mort, lui qui pourtant avoit un zèle si actif, une foi si ardente. L'Espagnol Ribadenira n'avoit jamais quitté le héros de Loyola: cependant ses successeurs, gens mieux instruits sansdoute, ont attribué à Ignace plus de miracles que n'en ont fait ensemble tous les Saints du martyrologe: ce n'est pas que tous les Jésuites soient bien intimement convaincus de la vérité de cette foule de prodiges, la plûpart assez inutiles à Ignace même & aux hommes: mais c'est assez que ces miracles ayent été attestés par des Jésuites; qu'ils honorent la mémoire de leur fondateur, & surtout qu'ils étonnent l'imagination, pour qu'ils pensent devoir les accréditer, & principalement dans les pays où la gloire de leur instituteur réjaillit sur eux-mêmes.

Damis avoit aussi le plus grand intérêt à supposer à Apollone le don très-rare des miracles; & il eut peu de peine à persuader aux Grecs déjà fort dégénérés, & aux Romains plus dégénérés encore, qu'il avoit opéré durant son voyage terrestre, & qu'il n'avoit cessé de faire depuis son retour dans l' lympe d'incroyables prodiges. Il le dit, & on le crut. Les Romains & les Grecs n'étoient alors ni plus éclairés, ni plus sages, ni plus adroits que le Grand-Alexandre, qui pour être un Héros, & pour vouloir être le fils de Jupiter Ammon, n'en étoit ni moins foible, ni moins superstitieux. Les flatteurs d'Alexandre, dit l'un de ses Historiens, pénétrant le désir qu'il avoit de voir ses peuples rendre à Ephestion leurs hommages & les honneurs divins, ne s'entretinrent plus que des bruits extraordinaires qu'on entendoit toutes les nuits sur le tombeau d'Ephestion, de ses apparitions fréquentes, des oracles qu'il rendoit, & surtout du grand nombre de malades qu'il guérissoit. Alexandre commença par mépriser ses vils Adulateurs; mais ils continuèrent d'attester par d'absurdes récits la divinité d'Ephestion, de lui offrir des sacrifices, d'implorer sa puissance; & le Grand-Alexandre finit, comme le peuple, par croire très-sérieusement à l'immortalité de son ancien favori, & il fut tout glorieux d'avoir eu dans sa cour un Dieu pour confident.

Vespasien fut plus crédule encore, puisqu'on lui persuada qu'il étoit dieu lui-même, & qu'il avoit, comme le reste des Habitans de l'Olympe la vertu d'opérer des prodiges. Un de ses favoris plus bassement flatteur & plus adroit que les autres, le conjura publiquement dans le temple même du Jupiter, de vouloir bien rendre la vie à un aveugle qu'il lui préfenta, & l'ufage de la main à un vieillard perclus depuis plufieurs années de la moitié du corps. Vefpafien s'offença vivement de cette propofition, qu'il regarda comme une très-mauvaife plaifanterie ; mais le flatteur perfifta avec audace, & s'emporta contre la dureté du Prince qui refufoit, difoit-il, de foulager ces deux infortunés, quoiqu'il ne tint qu'à lui de les guérir pour jamais de leurs maux. Quelques courtifans inftruits fans doute des vues de cet adulateur, fe joignirent à lui, & conjurèrent Cefar de ne pas repouffer les vœux de ces deux malheureux. Vefpafien tout étonné du pouvoir qu'on lui fuppofoit, mais d'ailleurs très-facile à adopter aveuglement toutes fortes de fupeftitions, fit tout ce qu'on voulut, & après quelques cérémonies fort ridicules, il cracha, comme on le lui avoit prefcrit, fur les yeux de l'aveugle, & appuya fon pied fur la main de l'eftropié : le premier des deux malades ouvrit les yeux au même inftant, & l'autre prenant un javelot de la main dont il affuroit n'avoir pu fe fervir depuis plufieurs années, il le lança à une très-grande diftance avec toute la force d'un vigoureux foldat. Dès cet inftant l'imbécile Empereur ne doutant plus de fa divinité, voulut qu'on l'invoquât, qu'on lui conftruifit des temples, qu'on le regardât comme le dieu tutélaire de l'Empire, & principalement comme la déité protectrice des aveugles & des estropiés.

On avoit eu moins d'indulgence pour Apollone de Tyane. Il est vrai qu'il étoit respecté & que sa divinité étoit généralement reconnue ; mais malgré son autorité, malgré le fanatisme de ses adorateurs, ni ses prédictions, ni l'appui d'une foule d'oracles rendus en sa faveur, ni le merveilleux apparent de quelques unes de ses actions, rien de tout ce qu'il avoit fait n'avoit passé, durant sa vie, pour des miracles avérés, & il ne fallut pas moins que le zèle de Damis, & les efforts de sa fertile imagination, pour persuader au peuple qu'il avoit fait de grands prodiges, & que tous les instants de sa vie avoient été marqués par autant de miracles. C'est un ouvrage singulier que cette histoire des vertus & des prodiges d'Apollone. Avec quelle impudence l'entousiaste Damis se joue de la crédulité publique ! Avec quelle assurance il élève son héros non-seulement au-dessus de l'humanité, mais infiniment encore au-dessus des Dieux-mêmes, qu'il représente sans cesse dociles à sa voix, prompts à exécuter ses ordres, soit qu'il veuille suspendre, arrêter, ou hâter les loix de la nature..

De cette immense compilation de fables, je ne m'arrête qu'aux faits les plus connus, aux plus heureuses impostures d'Apollone, à des actions que personne, avant Damis, n'avoit imaginé de prendre pour des miracles éclatans.

Apollone, jeune encore, s'étoit fait un si grand nom, que les plus grandes villes où il avoit séjourné quelque tems, pouvoient à peine contenir le concours extraordinaire de gens qui s'y rendoient de toutes parts, curieux de le voir, de l'entendre & de l'admirer. A son retour des Indes, il s'arrêta pendant quelques jours à Ephèse, & dès le lendemain de son arrivée, on compta dans cette ville plus d'habitans qu'il n'y en avoit dans tout le reste de la Grèce. Suivi d'une prodigieuse quantité de personnes de tout âge, de tout sèxe, de toute condition, il alla dans la campagne, sur le sommet d'une colline : là haranguant la multitude, il l'exhorta à renoncer au torrent dangereux des passions qui l'entraînoit, à préférer aux vices l'étude de la sagesse, à servir les Dieux, à rétablir leur culte abandonné, & surtout à combler les Prêtres & les pauvres des biens de la fortune, auxquels ils avoient tant de droit comme Ministres & compagnons des Dieux. Tandis qu'Apollone parloit avec tant de chaleur de la nécessité de cette communication des biens, il apperçut une foule innombrable de petits oiseaux perchés sur une haie, à quelques pas de distance : comme il les regardoit, il apperçut un oiseau étranger venir à eux, agitant fortement ſes aîles, & rempliſſant l'air de ſes cris, comme s'il leur eut apporté quelque grande nouvelle. Au même inſtant ces petits oiſeaux commencerent à crier tous enſemble, & s'envolèrent, précédés de celui qui étoit venu ſeul. Apollone faiſant remarquer au peuple cette foule d'oiſeaux, dit, d'un ton de Prophête : ,, Ephèſiens, voilà l'exemple que le ciel vous ordonne de ſuivre, & l'utile leçon du ſage emploi que vous devez faire des biens que vous tenez des Dieux. O Ephèſiens, un jeune homme qui traverſoit, chargé de bled, les rues d'Ephèſe, vient de faire un faux pas, & il a repandu preſque tout le bled qu'il portoit : cet oiſeau qui eſt venu ſeul avertir les autres, a vû cette chute, & il s'eſt haté d'en venir annoncer la nouvelle, aulieu de profiter ſeul, comme il l'auroit pû, de la bonne fortune dont il a fait la découverte''. Quelques-uns des Auditeurs coururent à Ephèſe, & trouvant du bled répandu, ainſi que l'avoit dit Apollone, ils réjoignirent l'aſſemblée, remplis d'étonnement, perſuadés dès cet inſtant, ainſi que le reſte des Ephéſiens, qu'Apollone entendoit le langage des oiſeaux, & trop crédules, trop ſuperſtitieux, trop prévenus en ſa faveur, pour ſoupçonner Apollone, ou d'avoir apperçu ce bled, en parcourant la ville, ou de l'avoir fait répandre par quelqu'un de ſes confidens, & d'avoir inventé là-dessus cet imbécile apologue.

Peu de jours après ce grand prodige, continue Damis, Le Dieu de Tyane se signala par un miracle bien plus extraordinaire. Il étoit allé à Smirne travailler à la reformation des mœurs publiques, & à la restauration du paganisme, quand les Ephésiens lui envoyèrent des députés, pour le conjurer de venir au plutôt délivrer, par ses conjurations & sa *toute puissance*, Ephèse d'une peste cruelle qui déjà avoit moissonné la plus grande partie des habitans. Apollone plus flatté de la confiance des Ephésiens, qu'allarmé du péril qui le menaçoit, se rendit aussitôt à Ephèse, accompagné seulement du fidelle Damis. Prenez courage, s'écria-t'il, en arrivant, ô Ephésiens ! aujourd'hui même je calmerai la violence du fléau qui vous accable. En mêmetems le fourbe ordonna au peuple, de le suivre au théâtre, devant le temple d'Hercule Libérateur. Là, voyant de loin un vieillard décrépit & couvert de haillons :» Ephésiens, dit-il, voilà l'Auteur de vos calamités : oui, ce vieillard qui vous paroit si foible, frappez le, qu'il succombe, qu'il expire sous vos coups ; c'est l'ennemi des dieux ; lancés contre sa tête sacrilège le plus de pierres que vous pourrez". Les Ephésiens étonnés, régardoient Apollone, & ne pouvoient se résoudre à immoler ce vieillard qui leur demandoit grace, à génoux, & fondant en larmes. Apollone rédoublant ses cris & ses exhortations, porta le premier coup, & ne cessa de presser la multitude, jusqu'a ce qu'elle eut assommé ce malheureux, qui resta enseveli sous un tas énorme de pierres qu'on avoit jettées sur lui. Alors Apollone annonça que la peste avoit cessé, & ordonnant au peuple d'aller au temple d'Hercule rendre graces aux dieux, il ne permit à personne, qu'à Damis seulement, de rester auprès de ce monceau de pierres. Quelques heures après sortant du temple à la tête des Ephésiens: ,, otés dit-il, ce tas de pierres, & voyés ô Ephésiens! quel est le monstre que vous avés sacrifié". La multitude approcha en frémissant, & ne trouva à la place du vieillard qu'elle croyoit avoir tué, qu'un chien d'une grosseur énorme; & personne ne douta plus que ce vieillard n'eut été un fantôme & un mauvais Démon. Mais Damis qui raconte avec tant de complaisance cet acte d'inhumanité, ne dit pas qu'au cadavre du vieillard lapidé il avoit substitué un chien par ordre d'Apollone; il ne dit pas non plus que malgré la barbarie de ce meurtre ordonné de sang froid, la peste continua de désoler Ephèse. Il a voulu absolument raconter des miracles & à la place d'actions vertueuses, qu'il n'avoit point à célébrer, il a érigé en prodiges des impostures punissables, des crimes révoltans.

Un jeune Athénien assistant à une exhortation publique d'Apollone, déconcerta la gravité de l'assemblée par de frequents éclats de rire. Cet homme, dit le faux Prophête, sans s'emouvoir, est possédé du Démon. Aussitôt le jeune Athénien, fut agité de violentes conculsions. Apollone ordonna au demon de quitter ce malheureux, & de briser pour marque de son obéissance, une statue colossale qui étoit à quelques pas. A ces mots, le prétendu possedé alla frapper contre cette statue, qui tomba brisée contre terre ; & dez cet instant le jeune homme devint si décent & si sage, qu'il embrassa les dogmes & la manière de vivre de son libérateur. Cette avanture a d'autant plus l'air d'un prodige que Damis se garde bien de raconter, que ce jeune Athenien étoit déjà l'un des disciples d'Apollone, lorsque celui-ci le délivra de cette obsession supposée.

Ce n'étoient encore là que de foibles prodiges, comme l'observe Philostrate, en comparaison de ceux qu'Apollone opéra à Rome, où il déploya dans toute son étendue, le don sublime des miracles qu'il avoit apporté des cieux. Au nombre de ces grandes merveilles, sont les deux fourberies suivantes. Demetrius, le Cynique, ami du Dieu de Tyanne, avoit parlé si librement des crimes de Neron, que Tigellin le fit chasser de Rome, & ordonna à ses délateurs d'observer soigneusement les discours & les actions d'Apollone ; celui-ci ne se contraignit pas ; l'audace lui avoit trop souvent réussi, pour qu'il fut désormais susceptible de crainte. Un jour que le soleil s'étoit éclipsé & que le tonnerre avoit grondé en même tems, Apollone courant à la place publique ; " Romains, s'écria-t-il, quelque grand événement arrivera bientôt, & n'arrivera pas " ; car c'étoit ainsi que de crainte de se tromper, l'imposteur prophétisoit. Cependant trois jours après cette absurde prédiction, Néron donnant dans son palais un grand festin, la foudre tomba sur la table, & renversa la coupe que l'Empereur portoit à ses lévres. Apollone eut tout l'honneur de cette aventure, & l'on ne manqua pas de croire qu'il avoit voulu dire trois jours aupatavant, que la foudre seroit suspendue sur la tête de l'Empereur, & qu'il n'en seroit pas frappé.

Tout orgueilleux du succès qu'avoit eu sa prophétie, graces à l'excessive superstition des Romains, Apollone parla avec mépris de Tigellin, que tout le monde redoutoit dans l'Empire. Tigellin irrité fit accuser Apollone de conspirer contre Néron ; mais comme il ouvroit lui-même devant l'Empereur le libelle d'accusation, il ne trouva ni caractères, ni vestige d'écriture sur le billet, qui n'étoit plus qu'une feuille de papier blanc. Tigellin interdit, lâche & timide en proportion de fa fcélérateffe, juftifia lui-même le faux apôtre de Tyane, & allant le trouver en fecrêt, & lui demandant fon amitié, il le pria de lui dire quel jugement il portoit des fantômes & des apparitions. ,, Comme je juge, répondit Apollone, le regardant d'un œil terrible, comme je juge des homicides, des impies & des lâches flatteurs", faifant allufion aux crimes de Tigellin, qui confondu & ne doutant plus de la divinité du fourbe, fe retira pénétré de terreur.

A-peu-près dans ce tems Apollone fit encore un miracle fi furprénant, fi extraordinaire, dit Damis, qu'il effaça tous ceux qu'il avoit opérés jufqu'alors. Une jeune Romaine étoit tombée en foibleffe au pied des autels où elle venoit de s'unir à fon amant; & cet affoupiffement avoit été fi long, que les Médecins appellés avoient déclaré qu'elle étoit morte. On la tranfportoit fur un lit découvert, fuivant l'ufage, du temple au bucher funèbre, accompagnée de fon malheureux fiancé, qui rempliffoit les lieux où il paffoit des cris de fa douleur & de fon defefpoir. Apollone rencontrant cette marche funéraire, & touché du fort de la jeune Romaine, & des pleurs de l'amant : ,, ceffe de t'affliger, s'écria-t-il, au jeune défolé, je vais te rendre l'objet de ta tendreffe,,. Auffitôt Apollone fait mettre le lit à terre,

& s'inclinant sur le corps de cette fille, il prononça quelques paroles : au même instant cette jeune personne s'éveillant comme d'un profond sommeil, tendit les bras à son amant, se leva & retourna avec lui à la maison de son pere. C'eut été en effet un grand miracle que de rendre la vie à cette Romaine, si elle l'eut réellement perdue : mais c'est ce que Damis lui-même, tout imposteur & tout enthousiaste qu'il est, n'ose cependant assurer : il ne peut au contraire s'empêcher d'avouer qu'il est vrai qu'on appercevoit encore quelque espèce de soufle & de respiration sortir de la bouche entr'ouverte de cette jeune fille ; que lors même qu'Apollone ordonna qu'on mit le lit à terre, plusieurs des assistans disoient qu'elle n'étoit point morte, & qu'il tomba pendant ce prétendu miracle une rosée abondante, dont la fraicheur contribua beaucoup à dissiper la pamoison. Mais c'est dans cette rosée même, que Damis & Philostrate veulent absolument qu'on reconnoisse le prodige ; parceque, disent-ils, sans le dieu de Tyane il est très-vrai semblable que le ciel n'eut point envoyé cette vapeur salutaire.

Apollone avoit eu le bonheur d'échaper aux soupçons & à la cruauté de l'Empereur Domitien ; il avoit eu même, dit-on, la gloire de remplir de terreur le cœur féroce du tyran, & il s'étoit retiré à Ephèse, bien assuré d'être vengé tôt ou tard par Etienne. Un jour qu'il haranguoit les Ephésiens, vers midi, dans la place publique; tout-à-coup il palit, parut saisi d'étonnement, baissa la voix, & continuant son discours d'un air distrait & troublé, il regardoit fixement devant lui, les yeux étincellans, & comme s'il eut été frappé de quelque grande apparition; sa voix diminua peu-à-peu, & s'arrêtant tout-à-coup, il garda pendant quelques instans un silence morne & farouche. Puis s'élançant de la place qu'il occuppoit, à 4 ou 5 pieds de distance vers l'endroit qu'il fixoit depuis quelques momens avec tant d'attention, la vengeance & la sévérité peintes sur le visage: ,, *frappe*, s'écriat-il, *O brave Etienne, frappe! renverse le tyran, qu'il expire sous tes coups*". L'assemblée effrayée & n'osant aplaudir à cette vision, de crainte, si elle étoit fausse, d'attirer sur Ephèse la colère de l'Empereur, se disposoit à laisser Apollone seul dans la place publique, quand l'imposteur prenant un air tranquille: ,, c'en est fait, dit-il, je l'ai vû; Rome & l'Empire sont libres, Domitien n'est plus : j'en jure par Minerve: ne craignez plus la tyrannie ô Ephésiens! les dieux ont armé d'un poignard le généreux Etienne, qui dans cet instant même vient de percer le cœur de l'injuste Domitien".

Quelque vénération que les habitans d'Ephèse eussent pour Apollone, ils le crurent
agité

agité par un violent délire, tant il leur étoit difficile de concevoir comment leur Prophête pouvoit être informé d'une nouvelle, qui, à la supposer vraie, ne pouvoit pas même être connue encore dans tous les quartiers de Rome. Mais peu de jours après le Préfet du Prétoire envoya à Ephèse, par ordre de l'Empereur Néron, des courriers annoncer la mort de Domitien, massacré par Etienne, à l'heure même & à l'instant de la vision d'Apollone. N'est-ce pas-là une preuve immortelle de sa divinité, s'écrie Philostrate, qui n'eut dû voir dans cette prétendue apparition qu'une preuve démontrée de la complicité d'Apollone, instruit exactement par Etienne, du jour & de l'instant auxquels il avoit resolu de commettre le meurtre qu'on lui avoit inspiré, & de faire éclater la conspiration formée contre les jours de l'Empereur. A ces traits revoltans, à cet enchainement d'impostures grossières, à ces crimes, & à milles autres attentats, qu'il eut été trop penible & trop long de raconter, comment est-il possible que presque tous les peuples ayent, pendant deux siécles, regardé Apollone comme un dieu; & par quel aveuglement a t'on érigé des autels à celui qui par un si grand nombre d'actions criminelles n'eut dû être élevé que sur l'échaffaud? Parcequ'il n'y eut presque dans tous les tems, d'audacieux reconnus & punis, que ceux qui sans connoitre les hommes, ont maladroitement tenté de les tromper; parceque le fourbe de Tyane sçut employer à propos les moyens toujours infaillibles de leur en impofer; en un mot, parcequ'il poffédoit à un dégré fupérieur, l'art tantôt de flatter l'amour-propre de fes admirateurs, & tantôt d'effrayer leur imagination. En effet jamais Apollone ne publia de dogmes, jamais il n'ordonna le retabliffement de quelqu'une des anciennes cérémonies, qu'il n'eut auparavant épouvanté fes auditeurs par l'image terrible des vengeances céleftes, par l'acclablante peinture de la colère des dieux prête à éclatter fur les hommes, moins à caufe de leurs crimes, de leur extrême licence, de leurs débordemens; car les dieux du paganifme pouvoient-ils être offenfés des vices dont ils donnoient l'exemple; mais parceque leur culte étoit entièrement négligé, les temples fans adorateurs, les autels fans victimes. Ce fut par cette route, toujours fûre, & toujours favorable aux fcélérats, que l'Apôtre de Tyane s'éleva au rang fuprême, & qu'il obtint de fon fiécle & même de la poftérité, jufqu'au règne d'Aurélien, l'hommage de la terre & les honneurs divins. Il eut de grands talens, & ne les fit fervir qu'à égarer les hommes; il fut fçavant, ingénieux & l'un des Orateurs les plus éloquens de la Grèce, & il ne fit ufage de fa rare éloquence que pour répandre l'erreur, & ranimer toute l'abſurdité des anciennes ſurperſtitions. Moins avide de gloire il eut pû éclairer les peuples; il ne chercha qu'à les ſéduire : ſi ſes contemporains étoient crédules, ignorans & timides, il eut pû, accrédité comme il l'étoit, les diſpoſer par des ſuperſtitions moins groſſières & moins pernicieuſes, à recevoir, à adopter des vérités utiles, leur inſpirer du moins par des dogmes plus ſages, de plus ſimples cérémonies, des ſacrifices moins barbares, le goût des vertus ſociales, des mœurs, l'amour de la ſaine philoſophie & de l'humanité. Dévoré du déſir de ſe rendre célèbre, il alla de ville en ville, de contrée en contrée, de nation en nation ; il traverſa les mers, il parcourût la terre pour l'infecter de ſes folles erreurs ; & partout il trouva les hommes aſſujétis au joug des ſuperſtitions ; partout il les vit occupés à oppoſer des inſtitutions biſarres, des cultes inſenſés à l'idée effrayante qu'ils s'étoient formé des Dieux : au lieu de les inſtruire, & de changer en principes utiles à la ſociété leur aſſerviſſement à de ſtupides préjugés, il aima mieux épaiſſir les ténèbres qui les environnoient, & ce qui doit le rendre plus odieux encore, ajouter aux erreurs qu'il trouvoit établies, les plus cruelles, les plus pernicieuſes des anciennes ſuperſtitions. En un mot, Apollone n'étudia les paſſions & les foibleſſes des hommes que pour les rendre plus dépravés

& plus malheureux encore, en flattant leurs perverses inclinations, qu'il eut pu rectifier, en les rendant plus timides, aulieu de les prémunir contre les émotions habituelles de la crainte, & de détruire leurs erreurs par le secours de l'erreur même; car il n'est que trop vrai que, graces à l'inconséquence de la raison humaine, des préjugés utiles ont souvent autant de force que la vérité même, pour détruire des préjugés funestes; tant est vaste & puissant l'empire de l'erreur.

CHAPITRE XIX.

Du danger, de la diversité & de l'universalité des superstitions.

MACHIAVEL, je ne me souviens plus dans quel de ses discours politiques sur Tite-Live, prétend que quand les mœurs publiques sont tout-à-fait corrompues, c'est du sein même de leur corruption qu'on peut tirer des moyens propres à ramèner les cœurs à la vertu. Il dit encore que quand les loix ont été violées, méconnues, outragées, c'est aussi sur les vices, le desordre & la confusion de cette espèce d'anarchie, qu'un Législateur habile peut fonder la stabilité d'une législation nouvelle. Ne pourroit-on pas dire la même chose des superstitions accréditées chez les peuples de l'antiquité, de celles qui sont adoptées par quelques nations sauvages de nos jours, & même dans plusieurs contrées dont les habitans se croyent entièrement civilisés ; de ces superstitions, qui ne sont qu'une violation manifeste de la saine raison, un oubli du bon sens ? Ne seroit-il pas possible de tirer du sein des abus mêmes & des maux que produisent les erreurs & les préjugés, le plan d'un nouveau culte, mieux dirigé, mieux ordonné, plus raisonnable, & plus avantageux à la société! Si cette heureuse révolution peut enfin arriver, ce que je suis fort éloigné de croire, les superstitions, ces maladies populaires, ces préjugés vulgaires, qui sont une preuve si sensible de l'extrême foiblesse de l'esprit humain, ne sont donc pas en elles mêmes aussi pernicieuses qu'on le dit communément. Presque tous les Sçavans ont néanmoins soutenu le contraire: on a même été si loin à ce sujet, que bien des Auteurs célébres ont regardé comme un problême très-difficile à résoudre, la question de sçavoir si l'irréligion est plus à craindre que la superstition ? Ce que plusieurs trouveront bien étonnant encore, c'est que les Ecrivains les moins exempts d'erreurs, de préjugés, de superstition, tels que Plutarque & la plûpart de ceux dont il s'appuye, décident que l'athéisme est incomparablement moins dangereux que la superstition. Lipse qui croit qu'à tout prendre, l'athéisme est plus pernicieux, met cependant la superstition au rang des plus grands maux: (*o! utraque magna pestis, sed illa crebrior, hæc deterior*). Bayle, qui très-souvent pense avec beaucoup de justesse, mais qui plus souvent encore ne cherche qu'à donner des doutes, a fait sur cette question un argument qui me paroit très-foible. ,, La superstition, dit-il, qui s'insinue sous le masque de la piété, n'étant qu'une image de la religion, séduit l'esprit de l'homme de telle sorte, qu'elle le rend son jouêt : d'où il est clair qu'elle est plus pernicieuse que l'irréligion ; car elle pousse au crime non seulement sans remord, mais en persuadant qu'on obéit à Dieu ; de manière qu'elle fait franchir les barrières de la raison & tous les sentimens d'humanité ; & qu'il n'y a plus bientôt de ravage qu'elle ne fasse dans l'esprit & dans le cœur."

Mais ce ne sont point là les caractères de la superstition. Il y a bien de la différence entre les effets de la superstition irritée par la contradiction, & la superstition en elle-même, que Bayle, dans ce passage, confond mal à propos avec le fanatisme. Eclairé comme il l'étoit, pouvoit-il ignorer que la superstition cesse où le fanatisme commence, & qu'il y a autant de distance de l'un à l'autre, qu'il y en a de la vivacité à l'extrême folie, de la chaleur tempérée du printems à l'ardeur brulante de la canicule? Lui qui a combattu avec tant d'avantage les erreurs populaires & les excès d'un zèle trop outré, comment a t'il feint d'ignorer que si c'est par la superstition que les peuples ont quelquefois été mènés, c'est presque toujours aussi par le fanatisme que les séditieux sont parvenus à rompre les fers dont ils se sont cru chargés? Qui ne sçait en effet que si le fanatisme est le plus dangereux fléau de tout gouvernement, la superstition en a été souvent l'appui le plus solide.

Fondés sur de mémorables exemples, des Ecrivains judicieux ont avancé que rien n'est plus nécessaire dans les Etats que la superstition : *Nulla res*, dit Quinte-Curce, *efficacius multitudinem regit quam superstitio*. Quelque inconstant que soit le Peuple, ajoute cet Auteur, s'il a une fois l'esprit frappé d'une vaine image de religion, il obéira mieux à des fourbes qui se diront inspirés, qu'à ses Chefs & à ses Magistrats.

Toutefois, sont-ce là encore les caractères de la superstition ? il me semble que non, que Quinte-Curce s'est trompé, ainsi que Bayle, & qu'il a, comme lui, confondu la superstition avec le fanatisme. A la vérité il faut avoir bien de l'attention pour distinguer ces deux mobiles des actions des hommes, l'un dangereux & perfide, l'autre utile quelques fois, quoique très-rarement, & quand il est conduit par une main habile. En effet, dans combien de circonstances n'est il pas arrivé que la superstition s'est changée en fanatisme, quelques précautions qu'on ait prises pour la contenir dans ses bornes ? C'est une matière inflammable, toujours prête à s'embraser, pour si peu qu'on en approche le flambeau de l'enthousiasme.

Il est vrai qu'il y a des erreurs si stupides, des préjugés si minutieux, qu'on doit peu craindre leur progrès: bien des gens pensent même que, fussent-ils généralement adoptés, ils ne pourroient jamais être d'aucune facheuse conséquence. Qu'on prenne garde cependant: ces superstitions pour être fort absurdes, n'en disposent pas moins les esprits à en recevoir de plus insensées; ce sont elles qui preparent les voyes du fanatisme, & de la sédition. Ainsi la plus petite conduit à la plus grande, & toutes, tôt ou tard, au détestable fanatisme, où elles vont se perdre, comme les eaux des fleuves dans le vaste océan. A Naples, par exemple, où l'ignorance & la rusticité caractérisent le peuple, qui, n'ayant aulieu de mœurs que beaucoup de rudesse, & même un peu de férocité, se livre tour à tour aux excès d'une licence outrée & aux puerilités d'une crédulité stupide; il seroit tout aussi dangereux d'interdire à la populace les superstitieuses cérémonies qui y sont établies, qu'il est pernicieux de lui laisser les préjugés & les pratiques minutieuses qu'on lui a fait adopter. Fanatique & toujours emporté, ce peuple pense que le sang de St. Janvier qu'on y conserve, dit-on, dans un vase de verre, doit se liquefier deux fois par an, aux mois de Mars & de Septembre. Cette superstition ne seroit qu'imbécile, s'il pouvoit y avoir quelque chose d'indifférent chez cette nation ardente & impétueuse; car au fond, il importeroit très peu que ce sang, à supposer qu'il existe, restât sec, ou qu'il devint liquide; mais malheureusement les Napolitains sont depuis très-longtems accoutumés à voir cette cérémonie; & pour qu'il n'y ait à Naples ni sédition, ni meurtres publics, il faut que la liquefaction se fasse au lieu & au jour marqués par la coutume, à l'heure & à l'instant auxquels on est persuadé que doit se manifester ce miracle, qui ne produit rien du tout quand il s'opère, & qui est une source de crimes & de profanations quand il ne s'opère point, les Napolitains étant dans l'usage de traiter leur Saint, pour si peu que le prodige soit retardé, comme les Japonnois traitent leurs Dieux, quand ils en sont mécontens. Si l'instant, racontent tous les Voyageurs qui ont parlé des mœurs Napolitaines, si l'instant indiqué pour la liquefaction s'écoule sans qu'elle se fasse, aussitôt on entend une foule innombrable de forcenés s'écrier d'un ton irrité: *san Genaro fa presto ; fa dunque presto san Genaro.* Si le Saint diffère encore, la multitude furieuse ne manque pas de croire qu'il y a dans l'assemblée quelque hérétique dont la présence empêche le miracle ; & malheur à l'étranger qui se trouve dans la foule. M. l'Abbé Richard, dans ses *Mémoires sur l'Italie*, raconte qu'un des premiers domestiques d'un Ambassadeur étant avec le peuple à genoux, au milieu de la rue, & n'ayant point crié comme les autres: *san Ge-*

narô sa presto, fut remarqué, pris pour un héritique, & percé sur le champ de mille coups de poignard. Ces horreurs, observe ce Voyageur, se renouvellent presque toutes les fois que se fait la liquefaction du sang de S. Janvier; & malheureusement le prodige ne s'opère que quand le peuple s'est impatienté, & qu'on sent qu'il va se porter aux plus barbares extrêmités. Le desordre est à la vérité moins prompt, mais il est aussi d'autant plus terrible dans sa lenteur, quand la liquefaction a lieu; parcequ'alors la populace satisfaite croit que le ciel l'avertit par ce signe, qu'il est content de son zèle, & jusqu'à la prochaine liquefaction elle se livre sans crainte aux plus honteux débordemens.

On accuse depuis longtems les peuples d'Italie de n'avoir qu'une dévotion factice & toute extérieure: on se trompe, sans doute; mais il est bien malheureux pour eux que ce reproche soit fondé sur la contradiction perpétuelle qui règne entre leurs mœurs & leur attachement outré à des pratiques vaines, à de minutieuses décorations, au faste des cérémonies. En général, ont dit presque tous les Observateurs, l'Italien ne paroit enflammé de zèle & rempli de dévotion que lorsqu'il est entouré de reliques, auxquelles il paroit accorder cet hommage d'adoration que dans le reste de la terre on ne donne qu'à Dieu seul. Aussi les reliques de toute espèce,

&, ce qu'il y a de bien plus extraordinaire, les mêmes reliques y sont multipliées à l'infini. Misson, dans la *Relation de ses voyages*, raconte qu'il a vû dans une des églises de ce pays, deux fioles exposées à la vénération publique ; dans l'une de ces fioles, ajoute-t'il, la multitude croit que l'on conserve un rayon de l'étoile qui guida les trois Rois à Béthléem, & que dans l'autre sont précieusement renfermées quelques ondulations du son des cloches de Jérusalem.

Misson de retour en France eut raison d'accuser d'imposture les Prêtres Italiens, qui se jouent ainsi de la crédulité publique & de la sainteté de la religion : mais il eut payé de sa vie la sagesse de ses réflexions sur le rayon de l'étoile des trois Mages & sur le son des cloches de Jérusalem, s'il eut osé les faire en Italie.

Dire d'un homme, quel qu'il soit, quand il est parvenu au premier rang de la hiérarchie, qu'il peut encore se tromper, & que comme le reste des mortels, il est assujetti aux foiblesses & aux infirmités morales, c'est sans doute parler avec justesse : & cependant cette observation si raisonnable, si vraie, est un crime irrémissible dans les états de ce même homme, dont la puissance illimitée régit encore plus despotiquement les ames que les biens de ses peuples soumis. On pensoit autrefois comme on pense en Italie de nos jours, dans toute l'étendue de l'Europe, enfevélie dans les horreurs de la fuperftition & dans la nuit de l'ignorance, tant on aimoit à fe repréfenter le Souverain hiérarchique comme un être tout puiffant & intermédiaire entre Dieu & les hommes; être fouvent injufte, & dont la vafte ambition étoit de divifer les Rois & leurs Sujets, afin de fe rendre le juge des Monarques & l'arbitre des couronnes, de renverfer les trônes, & de difpofer des droits facrés du fceptre au gré de fon caprice. La terreur qu'il infpiroit alors étoit fi forte, & la crédulité des peuples fi profonde, qu'il étoit regardé comme le miniftre de la colère de Dieu, & comme le dépofitaire des foudres vengeurs du ciel. Auffi toutes fes affertions, toutes fes idées, toutes fes décifions paffoient-elles, dès l'inftant qu'il avoit prononcé, & très-fouvent dès le moment qu'une foule d'impofteurs fubalternes avoient parlé en fon nom, pour autant d'inviolables loix, de préceptes facrés & de divins oracles. C'étoit alors que les opinions les plus infenfées & les plus barbares ufages tenoient lieu de dogmes, de doctrine, de rite & de culte. C'étoit alors que même dans la plus grande partie des Provinces de France, quand les moiffons étoient gâtées par les infectes, on procédoit juridiquement contr'eux devant le Juge Eccléfiaftique, qui, après avoir entendu l'Avocat chargé de défendre la caufe des infectes, les condamnoit à fortir des champs qu'ils avoient infectés, ou à périr par la feule vertu de l'excomunication que la fentence portoit contr'eux. Ce fut auffi dans ces fiécles d'erreurs & de fuperftitions, que quand la grêle ou quelque brouillard empefté avoit ravagé les fruits de la terre, on ne doutoit pas que cette deftruction n'eut été caufée par des forciers, qui, defcendus des nues, avoient tranfporté les grains, les fruits & les légumes, à-peine parvenus à leur maturité, dans de vaftes navires, qu'une foule d'efprits infernaux s'étoient chargés de conduire au-delà des mers. Le Docteur Edelin, raconte Jean-Chartier, Hiftorien de Charles VII, fut condamné en 1453, comme Magicien, à périr dans les flammes. Edelin, innocent, éclairé, mais d'un foible tempéramment, avoua, vaincu par les tourmens de la queftion, que l'accufation portée contre lui, quelque ridicule qu'elle fut, étoit vraie, qu'il étoit forcier, & que puifqu'on vouloit abfolument des aveux, il déclaroit avoir été très-fouvent au fabbath, où il avoit adoré le diable fous la forme d'un bouc, ainfi que le Juge Eccléfiaftique, qui fans doute en étoit bien perfuadé, le lui avoit reproché. C'étoit alors encore que partout, en Europe, on exorcifoit avec le plus grand appareil, des gens qui fe difoient poffedés du démon, & qui ne l'étoient tout au plus que de la manie de se croire obsédés. Cette dernière superstition n'est pourtant pas encore partout également éteinte. Elle se soutient aux extrêmités de la France, ou l'on exorcise aussi sérieusement qu'on le faisoit autrefois, & avec tout autant d'appareil & de cérémonies qu'on en observe dans les pays situés au centre de la lumière, de la philosophie & de la raison, & où néanmoins ni la raison ni la philosophie n'ont encore jamais pû parvenir, parcequ'ils sont régis par des hommes qui abusent de la crédulité & de l'ignorance du peuple, ces deux inépuisables sources de l'opulence d'une foule de Citoyens inutiles, que l'amour de l'oisiveté & le goût d'une paresseuse aisance a réunis en associations onéreuses aux Citoyens laborieux, autant qu'elles sont étrangères & nuisibles à la société civile.

Vainement la raison & la philosophie s'efforcent de détruire ces folles opinions; envain les mœurs & la religion proscrivent ces erreurs : elles subsisteront & troubleront les têtes foibles jusqu'à ce que l'on cesse d'inspirer de la terreur aux hommes, jusqu'à ce que l'on cesse de leur présenter comme des vérités utiles & effrayantes des impostures punissables. Depuis qu'on n'entend plus dans les tribunaux des plaidoyers pour les insectes, personne ne pense qu'ils soient envoyés sur la terre par le démon & les sorciers pour ravager les champs. De même qu'on défende à certaines maisons de recevoir les possédés & de prétendre les guérir par la force des charmes, des exorcismes & des conjurations, & bientôt on reléguera les possessions du démon dans la classe nombreuse & presque oubliée, des anciennes chimères, des vieilles superstitions. Miron, Evêque d'Orléans, dit toujours Jean Chartier, exorcisant, ou du moins feignant d'exorciser une jeune fille, plaça, suivant l'usage, une de ses mains sur la tête de la possédée, en prononçant à demi voix quelques mots latins : à-peine il eut commencé de s'exprimer en cette langue, que la possédée tomba dans un affreux paroxisme, & s'agita violemment, tourmentée par d'horribles convulsions. Le diable même, tant la conjuration étoit puissante, avoua par la bouche de cette malheureuse, qu'il éprouvoit dans cet instant des supplices plus affreux que tous ceux qu'il avoit soufferts jusqu'alors dans les enfers. Miron surpris de cet aveu, déclara aux spectateurs que le passage latin, dont il s'étoit servi, étoit un vers de Virgile, & qu'il n'avoit que sa montre dans la main qu'il avoit appuyée sur la tête de cette prétendue possédée. Cette déclaration détrompa l'assemblée, & ne servit pas peu à détruire l'ancienne crédulité du peuple au sujet de la puissance physique du démon sur les hommes. C'est dommage que Miron ait eu parmi ses semblables si peu d'imitateurs. A l'empressement

ment de quelques hommes mal inſtruits, ſuperſtitieux, ou de mauvaiſe foi, à laiſſer ſubſiſter ces préjugés populaires, ne diroit-on pas qu'ils ſont intéreſſés à perpétuer les ſuperſtitions, à groſſir la maſſe énorme des erreurs, à dominer ſur les eſprits intimidés par ce nombre prodigieux de fables & d'abſurdités.

C'eſt cependant par ces ſuperſtitions, ces préjugés barbares & ces ſtupides opinions qu'on a toujours conduit les hommes dans les tems d'ignorance; c'eſt par l'erreur qu'alors l'ambition s'eſt préparé des ſoldats, les uſurpateurs des complices, les factieux des bras accoutumés au meurtre, au parricide.... Je m'arrête, Lecteur, ai-je beſoin de citer des exemples?

Qui ne ſçait qu'il ſuffit d'avoir eu une fois l'art de perſuader les ſimples & d'être parvenu, à la faveur des préjugés, même les plus groſſiers, à aveugler le patriotiſme des bons citoyens, pour les rendre bientôt les défenſeurs des propoſitions les plus cruelles, les plus féroces même, ſoit en matière de culte, ſoit en matière de gouvernement. Ce fut par les preſtiges des ſupeſtitions, que dans ces tems de trouble & de ſédition, ſi funeſtes à la France, des Prêtres factieux inſpirerent au peuple les idées les plus fauſſes de la divinité. *Les-uns*, diſoit alors Montagne, *font accroire au monde qu'ils* croyent ce qu'ils ne croyent pas ; les autres, en plus grand nombre se le font accroire à eux-mêmes, ne sçachant pas pénétrer ce que c'est que croire. Les hommes dirigent comme ils veulent, ce qu'ils nomment la foi ; ils se servent de la religion : ce devroit être tout le contraire. Sentez, si ce n'est par nos mains que nous la menons, à tirer, comme de cire, tant de figures contraires, d'une régle si droite & si ferme. Ceux qui l'ont prinse à gauche, ceux qui l'ont prinse à droite ; ceux qui en disent le noir, ceux qui en disent le blanc, l'employent si pareillement à leurs violentes entreprises, s'y conduisent d'un progrès si conforme en débordement & injustice, qu'ils rendent doubteuse & malaisée à croire la diversité qu'ils prétendent de leurs opinions, en chose de laquelle dépend la conduite & la loi de notre vie.... Voyez l'horrible impudence de quoi nous pelotons les raisons divines, combien irréligieusement nous les avons & rejéttées & reprinses, selon que la fortune nous a changé de place en ces orages publiques, &c.

Ils sont passés ces jours de trouble, de desordre & d'horreur ; puissent-ils ne plus revenir ces tems de fanatisme & de sédition ! mais pourquoi ne les craindrions-nous plus ; est-ce parceque leur cause n'a plus la même activité ? Qu'on laisse toutefois s'accréditer encore les préjugés éteints, & l'on éprouvera bientôt la même fermentation, & l'on verra les mêmes scènes.

C'est une vérité que nous cherchons envain à nous dissimuler : nous sommes aujourd'hui tels que les hommes ont été dans tous les tems : fiers, audacieux, insolens dans la prospérité ; timides, lâches & stupides au plus leger revers. Nous sommes éclairés, mais c'est par cela même que nous pouvons être éblouis. Sçavans & philosophes, nos peres se croyoient aussi fort au-dessus de la crainte ; mais leurs yeux étoient-ils frappés de quelque phénomène étonnant, extraordinaire, & dont jamais il n'y eut eu d'exemple ; on voyoit aussitôt le peuple consterné courir en foule aux pieds de ses Devins, aveugles interprêtes des décrêts du destin, & qui, suivant l'usage, ne manquoient pas de prononcer qu'il n'étoit pas possible que, corrompus autant que les hommes l'étoient, le ciel irrité contre eux, n'envoyât sur la terre le fléau qui la dévastoit.

Oui, sans doute, fourbes audacieux, le ciel est irrité, quand il abandonne les peuples à vos ténébreux complots. Car n'est-ce pas le plus cruel & le plus dangereux des fléaux que cet empire absolu qu'ont toujours eu les imposteurs sur la crédulité publique ? On seroit presque tenté de croire, disoit dans le siécle dernier, un Auteur estimable, que les Dieux ont toujours eu pour les hommes une haine implacable, quand on songe aux funestes effets qu'a produits la docilité de tous les peuples de l'antiquité, & qu'a perpétués leur soumission à la témérité des opinions, à la bisarrerie des interprétations de ceux qui se sont dit inspirés. Le despotisme de leur autorité, malgré la petitesse de leurs idées, l'inconséquence de leurs décisions & l'absurdité des erreurs qu'ils ont répandues, ne semble t'il pas prouver ou la necessité des préjugés & des erreurs populaires, ou la supériorité accordée à l'esprit d'audace & d'imposture sur les foibles lumières de la raison humaine.

En effet, d'où pourroit venir cette unanimité de tous les peuples de la terre, à les admettre, à les autoriser, & à les respecter ces superstitions ? De l'ignorance, répond-on. Mais les peuples sauvages ont toujours été beaucoup moins superstitieux que les nations les plus instruites & les mieux policées.

Quelle étoit à ce sujet, la manière de penser des Romains, de ces hommes si fiers de leur grandeur, si vains de leurs connoissances, si orgueilleux de la sagesse de leur gouvernement ? Elle étoit mille fois plus absurde que celle de nos paysans les plus grossiers; & cependant elle étoit un des plus solides appuis de la sûreté publique. Quelle voix impérieuse convoquoit les assemblées du Sénat & du peuple ? La superstition. Quelle force irrésistible arrêtoit tout-à-coup ces mouvemens séditieux, ces guerres intestines, ces terribles dissentions qui menacèrent tant de fois d'une ruine entière la République & l'Empire ? La superstition ? A Rome, libre, indépendante & jalouse de son autorité, quel étoit l'arbitre da la guerre & de la paix : qui concluoit les traités, qui les faisoit exécuter ? N'étoit-ce pas aussi la superstition ? Mais à qui la république confioit-elle les droits de répandre l'erreur ? Aux plus illustres & aux plus distingués de ses citoyens, soit par l'éclat de la naissance, soit par la célébrité des talens.

On sçait que les fonctions comiquement sublimes des Augures ne se bornoient pas à contempler le vol des oiseaux, à interpréter leur chant, leur manière de boire & de manger. On sçait que les Aruspices tiroient aussi des conséquences des accidens les plus communs ; qu'ils trouvoient des présages dans les événemens les plus ordinaires ; & que les oracles qu'ils prononçoient, quelque insensés qu'ils fussent, étoient reçus avec vénération, & leurs ordres remplis avec exactitude. On sçait enfin que tout chez les Romains, comme parmi beaucoup de Nations modernes, offroit à l'imagination des présages heureux ou malheureux : une coupe fortuitement renversée, de l'huile répandue, la rencontre d'un lièvre ou d'un serpent, l'entrée inopinée d'un chien noir dans une maison, la fuite d'un loup ou d'une bélette de la droite à la gauche, &c. Qu'étoit-ce encore quand quelque Visionnaire venoit dire au peuple assemblé, qu'il avoit entendu un bœuf articuler des mots, ou qu'il étoit tombé une pluie de sang, une grêle de pierres; que sans nulle apparence d'orage le tonnerre avoit grondé, &c.

Les Romains que nous trouvons si foibles, si timides à cet égard, différoient de quelques nations modernes, en ce que chez celles-ci, le peuple seul croit fortement aux préjugés les plus minutieux; aulieu que les Romains croyoient également à toutes les superstitions; aussi sur quels objets la législation des Augures ne s'étendoit-elle pas? Pline raconte qu'une de leurs loix les plus sacrées défendoit sévèrement aux femmes de tourner leurs fuseaux en passant par les grands chemins, & de les porter découverts; parceque, disoit la loi, le mouvement des fuseaux découverts ne peut que nuire infiniment à l'abondance & à la maturité des fruits.

CHAPITRE XX.

Continuation du même sujet.

CEs Augures romains ne laiffoient pas, malgré leur majefté, d'être fouvent des perfonnages très-rifibles. Ils étoient gravement fourbes, & même affez indécemment impies. Ce qu'il y avoit, à mon avis, de plus pénible dans leur charge, c'étoit d'être férieux dans les fonctions les plus bifarres que la folie humaine ait jamais inftituées. Ils ne rioient jamais dans l'exercice ridicule de ces fonctions; ils prononçoient d'un ton augufte, des oracles fort bouffons; c'eft-là ce qui les diftinguoit des interprêtes, ou plus cruels, ou plus comiques, des arrêts du deftin chez la plûpart des autres peuples.

Dans l'Ifle Formofe, ce font toujours des femmes qui rempliffent cette importante dignité. Ce font elles qui annoncent la volonté des Dieux. Elles prononcent, ou plutôt elles balbutient des difcours très-bizarres; elles font des contorfions fort fingulières; elles pouffent des hurlemens affreux; & quand elles fe font bien échauffées à force de cris, de mouvemens rapides, & de geftes outrés, elles s'arrêtent tout-à-coup, s'écrient qu'elles voyent les Dieux, fe roulent violemment par terre, montent sur les toits des Pagodes, se découvrent jusqu'au dessus de la ceinture, se fouètent jusqu'à se déchirer, lâchent tout aussi abondamment qu'elles peuvent, leur urine sur la foule dévote. Après cette opération, qui n'est pas la moins plaisante, elles se dépouillent entièrement, descendent toutes nues, & se lavent en présence des spectateurs émerveillés.

A Madagascar ce sont encore les femmes qui ont l'avantage exclusif de parler à l'être suprême;& c'est par leur bouche que la divinité ne manque pas de recommander au peuple de croire aux jours, aux heures, aux instans heureux ou malheureux. Aussi les femmes de Madagascar croiroient-elles avoir commis un crime inexpiable, si ayant eu le malheur d'accoucher dans un tems déclaré sinistre, elles avoient négligé de faire dévorer leur enfant par les bêtes féroces, de l'avoir enterré vivant, ou tout au moins de l'avoir étouffé.

Ainsi l'homme toujours aveugle, & partout stupidement féroce, a constamment aimé à se représenter l'Etre suprême sous les traits d'un tyran destructeur, avide de carnage, & toujours altéré du sang de ses enfans, comme si Dieu pouvoit se plaire à voir égorger, en son nom, ses plus parfaites créatures. C'étoit, dit Hérodote, ce principe farouche qui inspiroit aux Scythes d'immoler la centième partie de leurs prisonniers à Mars exterminateur. C'étoit également cette fausse & cruelle idée qui engageoit les Gètes à renoncer, une fois tous les ans, à la douceur & à la bienfaisance de leur caractère. Ils s'assembloient, & celui d'entr'eux que le sort désignoit pour porter les vœux de ses concitoyens au barbare Zamolxis, étoit précipité tout nud du faîte d'une tour sur un bataillon hérissé de javelots : si la victime expiroit à l'instant, la nation enchantée croyoit que Zamolxis étoit satisfait de l'hommage ; mais si le malheureux respiroit après sa chute, les Gètes consternés le regardoient comme un méchant réprouvé par Zamolxis, & l'affreux sacrifice recommençoit encore. Jamais pendant son régne, raconte Diodore, Amestris ne négligea de faire enterrer, une fois chaque année, douze hommes vivans, ni de sacrifier quatorze enfans des plus illustres & des premières maisons de ses états ; & jamais ses stupides Sujets ne manquèrent d'attribuer le bonheur de son régne & la gloire de l'empire à la reconnoissance des Dieux pour la piété de la Reine.

Oléarius observe qu'autrefois les Sybériens se disputoient l'honneur de périr sous le couteau des Prêtres, auxquels même les riches devots donnoient de grandes sommes pour en être égorgés. Une suite de désastres que le sang des citoyens ainsi sacrifiés n'avoit pû arrêter, fit changer l'ordre des sacrifices : le Peuple décida que ce feroit les Prêtres qu'on immoleroit déformais ; parceque leurs ames plus pures étoient auffi plus dignes d'aller offrir aux Dieux les vœux de la patrie. Voyez, s'écrie Kaempfer, les fanatiques Japonnois entourer & fuivre le char qui porte dans les rues la ftatue d'Amida, coloffe horrible, idole affreufe & toujours enfanglantée : voyez les plus zélés de cette troupe frénétique céder à leur yvreffe, accourir, percer la foule, fe jetter fous les roues du char, qui écrafe leurs membres, & trouver de grandes douceurs dans la plus cruelle des morts. D'autres, ajoute Villela, croyant devoir à Amida ou à Xaka un facrifice folemnel, affemblent leurs amis, leurs parens, les Prêtres & le peuple ; ils fe font attacher une énorme pierre au col, & on les lance dans la mer. Quelques-uns aiment mieux mourir publiquement de faim ; quelques-autres penfent qu'en s'étranglant ils fe rendront plus agréables à la divinité ; d'autres en avalant du poifon ; plufieurs en fe perçant le fein avec un poignard confacré dans le temple à ce barbare ufage.

Phillips, Roger & Baldæus racontent qu'ils ont vû les imbéciles habitans du Maduré & des rives du Gange aller interroger leurs Prêtres, pour fçavoir d'eux qu'elle eft l'auftérité, & quels font les tourmens qu'ils doivent éprouver, afin de défarmer les Dieux. Les uns

& les Superstitions. 75

sont condamnés à rester assis ou débout, dans la même attitude, pendant plusieurs années; les autres, à porter des chaînes accablantes; quelques-uns à rester pendant un tems fixé, suspendus par les pieds au-dessus d'un bucher embrasé; les plus opulens finissent par assouvir l'avarice des Prêtres qui tout aussi avides dans ces barbares contrées, qu'ils l'ont été partout ailleurs, & qu'ils le furent autrefois chez les nations les plus civilisées, prétendent avoir reçu du ciel la permission de transporter sur les vaches les péchés des riches Indiens; expiation ruineuse, puisqu'elle coute, pour la faute la plus légère, deux cens vaches au moins, qui, une fois chargées des fautes des pêcheurs, appartiennent aux Bramanes. Ces Prêtres imposteurs n'ont-ils pas persuadé encore aux habitans du Maduré que le démon se plait à entrer dans le corps des plus riches, d'où il ne pourra sortir qu'à force de trésors, de terres & de vaches qu'on offrira aux Prêtres, & de coups de bâton que ceux-ci donneront dans le temple aux prétendus possédés? Le dernier des trois Voyageurs, (Baldæus) dit qu'il y a à Canara, entre Cananor & Mongador, une espèce d'Ordre religieux, fort puissant, & respecté jusqu'à l'idolâtrie: tous ceux, ajoute-t'il, de cet Ordre ont tout ce qu'ils désirent, & ne font rien: leur unique occupation est de rester dans les Pagodes, &, à des jours marqués, de sortir nuds dans les rues, les parties de la génération ornées de sonettes; lorsqu'on les entend passer, les femmes de toute condition, la Reine même & ses filles se hâtent d'accourir à eux, de s'incliner, de prendre, & de baiser… Quel monstrueux mélange de zèle & d'indécence, de vice, de crapule & de dévotion! Que font encore ces Hottentots, serrés les uns contre les autres, les bras croisés, les yeux stupidement baissés, dans un profond silence, & prosternés devant un vase plein de lait? Ils demandent au ciel, répond Choisy qui les a vûs, de la pluye & des pâturages.

Combien la superstition a dégradé les hommes! jusques à quels excès de folie & de barbarie elle les a portés! Il y a dans le Pégu un temple où l'on renferme les filles les plus belles & de la plus haute naissance : ces vierges infortunées sont servies avec le plus profond respect; elles jouissent des honneurs les plus distingués; mais tous les ans une d'elles est solemnellement sacrifiée à l'Idole de la nation. C'est un beau jour pour tout le peuple, excepté pour la victime, que le jour de ce sacrifice. La plus belle de ces captives est communément celle qui a l'honneur d'être choisie : le Prêtre la dépouille; & le barbare l'étrangle, fouille dans son sein, en arrache le cœur, & le jette au nez de l'Idole.

Mais nous qui frémissons au récit de ces

cruautés, sommes nous plus humains ? La superstition n'immole tous les ans, chez ces peuples sauvages, qu'un petit nombre de victimes, que même leur stupide crédulité fait courir à la mort sans regretter la vie. Et nous, cruels Européans, qui cependant osons nous croire plus instruits & plus doux, quelle innombrable foule de victimes humaines n'immolons-nous pas au nom de la plus sainte & de la plus pacifique des religions? Ces tribunaux de sang qui font horreur à l'humanité, qui offensent les loix les plus sacrées de l'église qui les rejette de son sein ; cette affreuse Inquisition, qui la fondée ? a qui doit-elle son infernale origine ? A la superstition, mere du fanatisme, qui chaque jour prononce, par la bouche des Prêtres, des sentences de mort contre des malheureux dont les crimes ne sont que des erreurs & des foiblesses. Persécuteurs intolérans, Inquisiteurs insatiables, quel trop puissant appui soutient leur tyrannie au milieu des nations qui ne sont ni cruelles, ni sanguinaires, & qui gémissent accablées sous le poids de cet avide despotisme ? La terreur même qu'inspirent à ces peuples crédules les buchers qu'on allume au nom d'un Dieu souverainement bon ; la crainte d'irriter le ciel en éteignant pour jamais ces flammes homicides. Et quel autre motif pourroit laisser encore subsister ces détestables tribunaux, si ce n'étoit la frénétique certitude de plaire à Dieu, en vengeant, par le sang des hommes, le ciel que l'on croit offensé, ou du moins intéressé à punir par le meurtre, l'erreur souvent involontaire, ou l'incrédulité, qui cède à la raison, & que les châtimens irritent & ne guérissent pas. Les mêmes préjugés, les mêmes superstitions qui font respecter à Madrid, à Coïmbre, à Lisbonne, à Goa les feux de l'Inquisition, ont il n'y a que deux siécles, dépeuplé l'Amérique par d'horribles massacres. Ce n'est donc pas la faute de ces terribles tribunaux, si depuis quelques années les *Auto-da-fé* sont plus rares: ce sont les victimes qui manquent aux Inquisiteurs toujours prêts à juger, à condamner, à s'emparer des biens des malheureux qu'ils ont proscrits.

Le même esprit de superstition qui fait brûler, pour les convertir, tant de citoyens, moins coupables sans doute que malheureux de vivre dans les pays assujetis au pouvoir destructeur du S. Office, fit disparoitre aussi douze ou quinze millions d'hommes de dessus la terre, lors de la conquête ou plutôt de la dépopulation de l'Amérique, par Colomb. ,, Chaque Espagnol, dit le P. Charlevoix, avoit coutume de pendre chaque jour, treize Américains en l'honneur de Nôtre-Seigneur & des douze Apôtres. Leurs mains fatiguées de meurtres, se refusant à leur pieuse férocité, ils dressèrent de grands chiens à poursuivre les malheureux Sauvages dans les forêts & les montagnes ; & il falloit que chacun de ces voraces animaux eut atteint & déchiré sa proye avant que l'Espagnol son maitre, plus vorace que lui, eut fini de réciter l'oraison dominicale, ou quelque autre prière. L'un de ces chiens se rendit si fameux par son acharnement à poursuivre & dévorer les Américains, qu'il commit en un jour plus de meurtres lui seul, que n'en avoient pû commettre dix Espagnols pendant vingt jours de dépopulation ; aussi de retour en Espagne, obtint-il, sous le nom de *Bérésillo*, la paye & le rang de soldat".

Dans quel pays en Europe cette affreuse maxime, *il est permis & l'on doit même étendre par le meurtre, la proscription & les suplices l'empire du catholicisme*, n'a t'elle pas fait répandre le sang de l'innocence ? Tolèrans par principe & doux par caractère, les Suisses, l'une des nations les plus sages & les plus modérées de la terre, ont-ils pû se garantir toujours des horreurs de l'intolérance & des conseils homicides de la superstition. Une peste cruelle, dit l'Historien Lauffer, ravageant l'Helvetie en 1348, une superstition féroce persuada aux peuples que le plus sûr moyen d'arrêter le progrès de l'épidémie, étoit d'allumer de grands feux, & d'y précipiter tout autant de Juifs qu'il seroit possible d'en prendre. Ce reméde parut fort salutaire

& très-ingénieux; bientôt la Haute-Allemagne fut couverte de buchers, où périt une foule innombrable de Juifs. Albert le Sage, Duc d'Autriche, eut pitié de ces malheureux, & bien loin d'imiter ses forcenés Concitoyens, il reçut dans son château de Kibourg tous les Juifs qui avoient eu le bonheur d'échaper à la persécution. Ses sujets le régardèrent comme l'ennemi du ciel, se soulevèrent, le menacèrent de le brûler, lui & ses protégés, dans l'asile qu'il leur avoit donné, & ne quittèrent les armes qu'après l'avoir contraint de livrer enchainés environ deux cens Juifs, qui s'étoient réfugiés à Kibourg, & qui furent brûlés tous dans le même jour. Mais la peste continuant, malgré les promesses des Moines & la barbare crédulité du peuple, à désoler la Haute-Allemagne, la superstition inspira un moyen nouveau, tout aussi insensé, mais moins cruel que le premier. Un vertige singulier s'empara tout-à-coup des Suisses; on les voyoit quitter leurs maisons, courir comme les anciennes Bachantes, d'un pays à l'autre, traverser rapidement les forêts, gravir sur les montagnes, remplir l'air des cris de leur terreur, se dépouiller de tous leurs vêtemens, se frapper rudement la poitrine, s'ensanglanter mutuellement à coups de verges, de cordes ou de chaines, & demander grace au ciel à cris perçans & redoublés : cette manie fut presque générale, & tous ceux qui en étoient

étoient atteints, se donnoient, en se déchirant, le nom pieux de *Frères Flagellans*. Cette imbécille confrérie ne subsiste plus en Suisse depuis près de quatre siécles ; mais elle n'est pas encore partout également anéantie.

Une importante question, moins funeste à la vérité, & qui n'avoit d'abord paru que ridicule, prépara les esprits à ces derniers excès du fanatisme ; tant il est vrai qu'en pareille matière les erreurs les plus frivoles conduisent tôt ou tard aux plus cruelles opinions. La Suisse avoit été le berceau de la grande quérelle qui divisoit alors les Théologiens ; ou dumoins, les divers Ordres de Moines répandus dans la Haute Allemagne, avoient été les premiers à entrer dans l'intéressante dispute qui pour lors agitoit l'Europe, & qui finit par y répandre tant de sang. L'objet de cette longue & trop fameuse quérelle étoit de sçavoir, si le boire & le manger des Cordeliers leur appartiennent en propre, ou si, ayant renoncé à toute sorte de propriété, ils n'en ont que le simple usage. L'Empereur & les Souverains avoient tous pris parti dans cette grave dispute, qui, à la grande satisfaction des Moines, contribua infiniment à la propagation de l'ignorance & au progrès déjà trop étendu de la superstition.

Quelle puissance, quel empire ces insipides quérelles, ces burlesques disputes, ces opinions minutieuses, ces préjugés stupides

Tome II. F

donnoient au tribunal atroce de l'Inquisition ! L'autorité de cet établissement fondé sur les ruines de la raison & de l'humanité, fut telle, que longtems même après que la renaissance des lettres eut éclairé l'Europe, les peuples & les Rois trembloient encore au nom du S. Office, & écoutoient en silence les loix du Moine Inquisiteur, dont la sanguinaire audace ne respectoit ni les couronnes, ni les droits sacrés des Citoyens. Le Comte de Roussi raconte dans ses *Mémoires*, que Philippe III, Roi d'Espagne, assistant à un *Auto-dafé*, & entendant deux Cordéliers Protestans qu'on trainoit au supplice, remercier le ciel de ce qu'ils alloient, disoient-ils, sceller de leur sang la vérité de l'évangile, s'écria, touché de leur sort ; *ces malheureux sont bien à plaindre d'être punis d'avoir prêché des maximes erronées, mais dont ils sont si fort persuadés.* L'Inquisiteur entendit ces paroles, & furieux contre Philippe, il le condamna à périr. Philippe étoit aimé de ses Sujets; le S. Office craignit un soulèvement, & par une modération dont ce tribunal n'avoit point encore donné d'exemple, il voulut bien adoucir la sévérité de l'arrêt, & se contenter de trois onces de sang qu'on tireroit du bras du Souverain, & qui seroient publiquement brûlées par la main du bourreau. Cette sentence fut exécutée, & deshonnora bien plus le Roi Philippe, que le Moine Inquisiteur.

& les Superstitions.

De ces faits & d'une infinité d'autres plus revoltans encore, que conclure, sinon que l'erreur a désolé l'Europe, comme le reste de la terre; & que les superstitions européannes ont fait de plus profondes playes à l'humanité, que les opinions réligieuses & les préjugés des peuples les moins policés. Parcourons quelques momens encore ces barbares contrées, & voyons s'il en est quelqu'une où la terreur des vengeances du ciel & le désir de fléchir sa colère ayent rendu les hommes plus doux, humains & bienfaisans.

Dans cette Isle Formose dont j'ai parlé dans le chapitre précédent, il y a encore une superstition qui mérite d'être rapportée. Il est défendu aux femmes d'accoucher avant l'âge de 35 ans, & c'est le comble de l'abomination que de violer cette loi : toutes celles qui deviennent enceintes avant le tems prescrit, courent se prosterner devant la Prêtresse, qui les foule inhumainement à ses pieds, jusqu'à ce qu'elles ayent avorté.

Les erreurs des Giagues sont moins douces que celles des habitans de l'Isle Formose & du Pégu ; aussi y sont-ils plus fortement & plus réligieusement attachés : car il est bon d'observer que, par une raison inconcévable, plus un culte est absurde & cruel, plus le peuple le respecte. Un Giague se croit invulnérable quand, après avoir pilé son fils dans un mortier, & l'avoir fait bouillir avec

F 2

quelques racines, de l'huile & quelques végétaux, il en a composé une pomade, dont il a soin de se frotter. Le Roi des Giagues ne sort qu'une fois l'année de son palais, ou plutôt de son antre. Cette fête est solemnelle, & elle est attendue par ses courtisans avec d'autant plus d'impatience, que le Prince fait égorger, suivant l'usage, tous ceux qui se rencontrent sur son passage, & il les donne fort gracieusement à manger à sa suite. La Reine des Giagues (ce peuple est plus souvent gouverné par des Reines que par des Souverains) observe aussi fort réligieusement un autre usage très-ancien dans ses Etats. Quand elle a déclaré la guerre à quelque Puissance étrangère; avant que d'entrer en campagne, elle fait assembler devant elle ses plus belles Sujettes & ses plus beaux Guerriers; là, sous ses yeux, ils jouissent, dans mille différentes attitudes, des plaisirs de l'amour: le peuple & la Souveraine croyent que rien n'est plus propre à se rendre le ciel favorable que cette singulière cérémonie. Les Giagues pensent, à cet égard, comme pensoient jadis les Babyloniens; on sçait que chez eux les femmes étoient obligées de se prostituer au moins pendant tout un jour dans le cours de la vie, en expiation de leurs fautes: ce préjugé étoit même si fort, & il alla si loin, qu'une femme, de quelque haut rang qu'elle fut, ne pouvoit, sans crime, se refuser aux désirs du premier Etranger qui vouloit jouir d'elle pour se purifier. Or, qui a dit aux Giagues qu'ils ne font qu'imiter les Babyloniens ? Les habitans de la Grande-Java vont, à la plus légère incommodité, trouver leurs Prêtres, qui leur demandent s'ils ont envie de mourir ; au moindre signe de consentement que donnent les malades, les Prêtres se jettent sur eux, les égorgent, & se repaissent de leur chair. A Lao.... Mais mon dessein n'est pas de rassembler ici toutes les superstitions qui inondent la terre. Je n'écris que pour m'amuser, pour m'instruire ; & malheur à moi, si ces images affligeantes pouvoient me plaire, ou rer !

CHAPITRE XXI.

Si par-tout où il y a des hommes, il y a aussi des superstitions, de quel bien peuvent-elles être ?

D'UNE très-grande utilité, quelques funestes qu'ayent été les révolutions qu'elles ont amenées : le même fer en sortant de la forge, se change en soc de charrue, pour le bonheur du monde, ou en glaive homicide, pour détruire l'humanité. Je conviens qu'à ne considérer que les maux qu'à causés la superstition, elle est très-pernicieuse ; mais si je fais attention aux ressources qu'elle offre pour réunir les hommes divisés, irrités, & prêts à s'entre-détruire, aux moyens qu'elle présente de rétablir l'ordre & les loix, où régnoient les troubles de l'anarchie, aux projets qu'elle dicte pour fonder ou étendre de nouveaux gouvernemens ; si je réfléchis aux voyes qu'elle prépare à sa propre destruction, quand le culte qu'elle à institué, est dégénéré en pratiques totalement absurdes, quand ses ténèbres épaissies ont aveuglé tous les yeux, & abruti tous les esprits : alors je vois, alors je suis forcé de convenir que les superstitions sont tout aumoins aussi utiles dans beaucoup de circonstances, qu'elles ont d'abord été nuifibles. C'eſt ainſi que dans les mains d'un habile Chymiſte les poiſons les plus violens ſe changent en remèdes actifs. Heureuſe la nation qui, lorſque ſon ignorance, ſes préjugés, ſes ſuperſtitions ſont parvenus à leur plus haut dégré d'aveuglement & de ſtupidité, produit un impoſteur, un ambitieux, un homme de génie qui par de nouvelles erreurs, moins groſſières & moins aviliſſantes, tire ſes compatriotes de l'abime où ils étoient tombés ; quand même par la féduction de l'impoſture & de l'enthouſiaſme, il les conduiroit dans un précipice nouveau, mais moins profond & moins affreux que celui dans lequel ils ont été enſévelis.

Mais par quelle fatalité dans le grand nombre de ceux qui ſe ſont illuſtrés par leurs loix & leur doctrine, Confucius & Socrate ſeuls exceptés, n'a-t-il paru perſonne, Légiſlateur ou Philoſophe, qui ait donné aux hommes une idée moins effrayante de la divinité que celle qu'ils en avoient déjà, & aux nations un culte moins lugubre que le culte reçu, des dogmes plus humains ? Parcequ'il n'eſt guerre poſſible de découvrir une vérité cachée, quand elle eſt preſque étouffée ſous le poids de l'erreur univerſellement accréditée depuis une longue ſuite de ſiécles ; & parceque d'ailleurs quand on la découvriroit, il ſeroit peut-être impoſſible de perſuader aux hommes de l'adopter dans toute sa pureté, & de renoncer pour elle à leurs vieux préjugés.

Tous les Sages, tous les Législateurs qui ont vû la lumière, depuis le renouvellement de la nature, c'est-à-dire, depuis l'époque trop fatale de la destruction de l'univers & de ses habitants, ont trouvé la terre encore (1) consternée, & tous les peuples pénétrés de terreur; partout ils ont vu l'image de cette scène d'horreur & de désolation: toutes les cérémonies réligieuses, toutes les anciennes coutumes, tous les usages établis ne leur ont présenté que des idées tristes, mélancoliques, accablantes. La véritable histoire de ce grand évènement représenté par ces signes, ces rites, ces usages, se trouvant altérée en tous lieux, il eut été tout aussi difficile de démêler le vrai sens de ces puerilités imposantes, de ces cultes funèbres, de ces fêtes ténébreuses, que de démontrer par des raisons satisfaisantes la folie & l'inconséquence des cultes établis, la superstition des fêtes, l'inhumanité des sacrifices; car le tems ayant couvert de ses ombres impénétrables l'origine de ces institutions, & l'erreur les ayant surchargées d'une infinité de superstitions, de préjugés, de pratiques sombres & mistérieuses, elles étoient d'autant plus respectées, que, malgré leur ridicule extrême, el-

---

(1) Voy. le Chap. 3, tom. 1er., pag. 33 & suiv.

les étoient toujours en possession de troubler l'esprit, d'étonner l'imagination, & de glacer le cœur d'effroi.

Comment dans la funeste idée où l'on étoit partout, que la même catastrophe qui avoit fait périr la première race humaine, ravageroit la terre une seconde fois, & extermineroit ses tristes habitans ; comment, dis-je, un homme, aidé de ses seules lumières, eut-il pu, à le supposer exempt lui même des agitations de la terreur générale, rassurer les esprits épouvantés, dissiper & changer en allégresse la crainte qui régnoit au milieu de la confusion des fêtes, le délire, la folie & très-souvent l'atrocité des cultes ? Ici il eut vu une nation entière (les Argyens) s'assembler tous les ans, à un jour fixé par les Prêtres, au tour d'un profond abime, où après avoir soupiré pendant quelques momens, ils gémissoient, poussoient des cris perçans, précipitoient un agneau dans l'abisme ; & quand ils le croyoient parvenu dans les mains du portier des enfers, ils trembloient agités d'une sécrète horreur ; ils secouoient violemment leurs javelines au lugubre son des trompètes, appelloient Bacchus à grands cris, le conjurant de se rendre visible, de protéger la terre, & de s'élever un instant au dessus grandes eaux.

Plus loin, il eut vu, tous les ans, après le solstice d'hyver, les Indiens précédés de leur Roi, aller à pas précipités sur les rives de l'Indus, y sacrifier en silence des hécatombes de chevaux & de taureaux noirs, & se hâter ensuite de jetter dans le fleuve, tout aussi loin du rivage qu'il leur étoit possible, un boisseau destiné à mesurer le froment, signe de la désolation générale des hommes, quand les eaux du grand déluge submergeant les cités, les campagnes & les moissons, engloutirent & les fruits de la terre & ses malheureux habitans.

A Rome, il eut vû les Pontifes suivis des Vestales éplorées, aller en gémissant sur les bords du Tibre, vers la fin de l'équinoxe d'Automne, & là, après beaucoup de marques de la plus grande affliction, sacrifier à Saturne, dans les commencemens & jusqu'après l'expulsion des Rois, des hommes qu'on lioit vivans, & qu'on jettoit dans le fleuve; dans la suite, & quand les mœurs devinrent moins féroces, lancer dans les eaux du Tibre de petites figures, qui furent substituées aux victimes humaines.

Il eut vû les Albaniens, peuple cruel jusques dans les agitations de la terreur, choisir un de leurs Concitoyens, l'enfermer dans un riche palais, le nourrir délicieusement pendant un an, lui décerner les plus grands honneurs, & le dernier jour de l'année, le placer dans le temple, aller se prosterner devant lui, l'embrasser tendrement, l'arroser de eurs larmes, & finir par l'égorger à l'honneur de la lune.

Les Méxicains obfervoient exactement les mêmes cérémonies, & rendoient auffi, pendant un an, les mêmes honneurs au malheureux qu'ils avoient dévoué, qu'ils poignardoient, & dévoroient enfuite, dans la folle perfuafion de manger une divinité.

Les Habitans de l'Ifle de Samothrace, dit Diodore de Sicile, célébroient tous les ans, une fête folemnelle en mémoire du déluge, qui avoit, difoient-ils, fubmergé leurs ancêtres & leur Ifle, dont il ne paroiffoit plus, tant les eaux étoient élevées, que le fommet des plus hautes montagnes. Auffi étoit-ce fur ces fommets que, les yeux baignés de larmes, triftes, pâles, abbatus, les Samothraces alloient facrifier, rendre graces aux Dieux d'avoir fauvé une foible partie de la poftérité des premiers Infulaires, & les conjurer de ne plus inonder la terre, ou d'avertir les hommes avant le rénouvellement de cette affreufe époque.

Ainfi l'Ifle de Samothrace a été la feule contrée où s'eft anciennement confervé le fouvenir de l'origine de toute inftitution de culte, l'efprit de toute cérémonie réligieufe, le feul & vrai indice de la grande & perpétuelle caufe de toute fuperftition. Partout ailleurs l'impofture, l'ignorance & la crédulité ont altéré le fouvenir de cet évènement, &

enseveli sous de monstrueuses fables, & sous un tas énorme de puérilités, l'antique & respectable signe de la soumission primitive des hommes aux décrêts éternels, de leur reconnoissance pour l'Etre unique & suprême, destructeur dans sa colère, conservateur par son infinie bonté, & restaurateur de l'espèce humaine. Partout ailleurs on n'apperçoit que des établissemens fondés par la terreur, & perpétués par les idées funèbres qu'a fait naître la tradition corrompue du déluge universel.

Aussi n'est-ce qu'à cette tradition imparfaite, altérée, mais toujours effrayante, qu'il faut nécessairement rapporter les anciennes mythologies, les diverses institutions de cultes, les cérémonies réligieuses, ainsi que tous les préjugés vulgaires, toutes les erreurs générales, toutes les superstitions ; parcequ'il n'a jamais existé, depuis le rénouvellement de la terre, jusqu'à la fondation du christianisme, de cérémonies, de pratiques religieuses, de fêtes, de sacrifices, d'expiations, de lustrations, &c. où, malgré toute l'absurdité que la folie humaine a pû y introduire, on ne retrouve des vestiges du culte primitif, & des traces, quoique confuses & très-souvent inexplicables, des cérémonies que durent nécessairement instituer les hommes, quand, délivrés de la submersion universelle, & toujours agités par la crainte de voir une seconde fois le ciel s'écrouler sur la terre, ils unirent leurs prières, & conjurèrent le grand Juge de se laisser fléchir.

Il est vrai que les anciens Docteurs du genre humain & les Prêtres du paganisme prirent tant de soin de voiler leur doctrine, & qu'ils ajoutèrent tant de superstitions au culte établi, pour le rendre sacré & plus respectable au vulgaire, qu'il eut été bien difficile, quelques siécles après, de regarder les différentes doctrines & les diverses cérémonies religieuses, comme autant d'emblêmes représentans toujours le même évènement, & cette innombrable foule de divinités du polithéisme, comme autant de signes représentatifs d'un être unique & suprême, tour-à-tour créateur, exterminateur, restaurateur & conservateur de la race humaine. Ce fut là le sens énigmatique de tous les cultes, de toutes les doctrines, de toutes les mythologies. Le souvenir de l'inondation universelle & la terreur ineffaçable que cette catastrophe avoit inspirée aux hommes, expliquent toutes sortes de sistêmes religieux, toute espèce de dogmes & de cérémonies. Un Ecrivain, a dit, & je le crois fondé, que c'étoit-là le grand sécrêt qu'on confioit jadis aux initiés aux mistères ; mistères qui ne consistoient, dit-il, qu'à révéler la vraie signification de la guerre des Titans contre le ciel, de la castration de Saturne, de l'usurpation de Jupiter, des courses de Cérés, de l'enlèvement de Proserpine, de sa descente aux enfers, de la mort d'Adonis, des travaux d'Hercule, de la séparation des Monts-Ossa & Pélion par Neptune; en un mot, de toutes les religions & de toutes les aventures attribuées aux Dieux ; aventures & Divinités qui n'étoient que les simboles de la destruction & du rénouvellement de la terre.

Mais aucun de ces initiés aux mistères ne révélant au vulgaire le sécrêt qui leur étoit confié, les peuples ne s'attachèrent qu'aux emblêmes, & ignorant qu'elle en étoit la signification, ils considérèrent chacun des attributs de la divinité & chacun des grands évènemens qu'ils voyoient personnifiés, comme autant de puissances supérieures, d'intélligences distinctes & séparées ; & cette infinité de Déités augmentant chaque jour la superstition, & celle-ci l'autorité théocratique, les Prêtres intéressés à perpétuer l'erreur, l'ignorance & les préjugés, obscurcirent de plus en plus la vérité, & plongèrent les peuples dans la nuit de l'idolâtrie.

Alors, comment un homme, quelqu'éclairé qu'on le suppose, eut-il pû ramèner les nations égarées par l'erreur, à l'ancienne vérité ignorée ? Comment écarter cette énorme multiplicité de superstitions, & cette foule innombrable de ridicules Déités, pour ériger, sur les débris de leurs temples, un autel au Dieu unique. Il ne restoit que deux moyens, l'un incertain & dangereux, l'autre difficile à tenter, mais fusceptible de fuccès: celui de lutter contre le culte établi, d'en faire voir l'abfurdité, de démontrer l'impuiffance des Dieux, & la fourberie des Prêtres ; c'eft-à-dire, de foulever contre foi les Prêtres & les Peuples: ou celui de fe fervir du goût des hommes pour la fuperftition, & d'en introduire de nouvelles, oppofées aux anciennes, mais moins abfurdes, & plus faciles à détruire elles mêmes, quand la nation qui les auroit reçues, plus éclairée & moins timide auroit pour jamais renoncé à fes anciennes erreurs, quand elle rougiroit de fon aveuglement & de la ftupidité de fa vénération pour les plus méprifables objets.

Tels étoient les Arabes, quand Mahomet forma le projet de fonder un puiffant empire fur les débris des fuperftitions publiques, d'oppofer l'erreur à l'erreur, de placer & l'autel & le trône fur les ruines des anciens préjugés, & de donner à fes concitoyens une légiflation nouvelle, de les affujettir au joug du defpotifme. La légiflation qu'il leur donna, la doctrine & la religion qu'il établit, font à la vérité fort fuperftitieufes ; mais cette doctrine & ces loix, font auffi plus élevées, plus nobles, moins abfurdes que le culte bifarre & le gouvernement infenfé des tribus qu'il fe propofa d'afservir. Mahomet réuffit au-delà de fes efpérances : le génie étroit de sa nation, l'éclat de la vérité, les charmes de l'erreur, tout le servit, tout le favorisa, tout concourut à l'exécution de ses hardis projets. Il n'eut été qu'un enthousiaste ridicule, ou un factieux redoutable partout ailleurs qu'en Arabie. Le hazard le plaça dans une époque heureuse, & la seule qui pût seconder ses vues : car s'il fut né plutôt, son hipocrisie & son ambition eussent échoué contre le fanatisme des superstitions, qu'il lui fut plus aisé d'éteindre, quand le feu de première fermentation fut passé; & s'il fut né plus tard, les Arabes plus éclairés n'eussent jamais voulu se prêter à ses visions.

Il suffit, en effet, de sçavoir dans quel siécle Mahomet nâquit, & quel étoit, à sa naissance, le peuple qu'il eut à subjuguer, pour se convaincre de la justesse des moyens qu'il prit, les plus sûrs qu'il put mettre en usage pour établir sa domination. J'avoue que plus sage, plus modéré, plus vertueux, il eu pû, ingénieux & éloquent comme il l'étoit, éclairer l'Arabie du flambeau du catholicisme; mais il est vrai aussi que Mahomet vouloit règner, & le catholicisme ne l'eut pas élevé sur le trône. D'ailleurs, les Arabes abrutis par la grossièreté de leurs superstitions, eussent-ils eu la force de soutenir l'éclat des vérités évangéliques? C'est ce qui reste à décider d'après une esquisse légère, mais exacte, des préjugés reçus & respectés alors

chéz

& les Superstitions.

chez les Arabes, & un récit abrégé des prémiers succès de Mahomet, inconnu presque à tous ceux qui ont écrit sa vie; les-uns trop prévenus en sa faveur, & les autres trop animés contre ses impostures.

CHAPITRE XXII.

Des superstitions, de la doctrine & des mœurs des Arabes lors de la naissance de Mahomet.

LA religion des Arabes, leur culte, leurs cérémonies étoient plus bisarres encore que leur législation, plus ridicules que la forme de leur gouvernement. Esclaves & républicains en même tems, soumis au joug du despotisme, & fiers des loix qu'ils imposoient à celui qui étoit revêtu de la souveraineté, ils avoient un Roi, & n'avoient point de maitre. Le hazard qui plaçoit le Prince sur le trône, y élévoit aussi son successeur; car la couronne n'étant point héréditaire, il n'y avoit aucun ordre de succession, à moins qu'on ne veuille donner le nom d'ordre & de régle à la coutume insensée qui disposoit de la suprême autorité. Quand le Prince étoit parvenu au trône, le premier enfant qui naissoit dans une des familles nobles de l'Arabie, étoit aussitôt déclaré l'héritier présomptif du sceptre. Dès l'instant que le Souverain recevoit la couronne, on inscrivoit sur une liste toutes les femmes nobles qui se trouvoient enceintes: on les gardoit avec soin, elles étoient servies respectueusement ; & la première qui accouchoit

& les Superstitions.

d'un enfant mâle, donnoit un Roi à la Nation. Cet enfant, désigné successeur du Prince régnant, recevoit une éducation peu conforme à la sublimité du rang qu'il devoit occuper; c'est-à-dire, qu'on ne lui donnoit qu'une éducation presqu'aussi grossière & tout aussi superstitieuse que celle du reste des Arabes. Le bonheur d'être né le premier pendant le régne du Souverain, assuroit, il est vrai, des droits au trône, mais ne suffisoit pas pour y monter. Le peuple s'assembloit, & après une courte délibération, il conféroit solemnellement la souveraineté à l'enfant indiqué par le sort.

Le jour du couronnement arrivé, la nation s'assembloit encore, & remettoit le sceptre dans les mains du nouveau Souverain, qui dès ce même jour perdoit entièrement la liberté. Aussitôt qu'il étoit proclamé, il lui étoit défendu de sortir de son palais, où il étoit de la décence que la Nation le crut incessamment occupé à tenir les rênes du gouvernement. Cette loi de vivre constamment renfermé, étoit si forte, si sacrée pour le Roi, que ses Sujets se croyoient dans la nécessité de le lapider, si dans quelque circonstance que ce fut, méditée, ou fortuite, il entreprenoit de l'enfreindre. Mais s'il remplissoit cette obligation dans toute sa rigueur, il étoit assuré de trouver dans ses peuples la fidélité la plus inviolable; il étoit obéi, quel que fussent ses ordres ; sa puissance étoit absolue, & l'exécution de ses volontés n'éprouvoit jamais de contradiction.

Les Mahométans donnent le nom d'*état d'ignorance* au tems qui précéda la mission de leur Prophète : ils ont raison ; quoique ignorans encore, ils sont fort éclairés, eu égard aux anciens Arabes. Jamais la superstition ne fut portée aussi loin, & jamais elle ne regna aussi impérieusement sur les esprits, qu'elle regnoit en Arabie avant la naissance de Mahomet.

Vicieux & stupides les Arabes végétoient dans les ténébres de l'idolâtrie ; ils adoroient les étoiles, & rendoient un culte tout extraordinaire aux anges. Les images de ces deux ordres de divinités subalternes étoient les grands & perpétuels objets de la vénération publique. Les Arabes prioient ces images de vouloir bien s'intéresser pour eux auprès des signes qu'elles représentoient, afin que ceux-ci, anges, étoiles, ou planettes, présentassent les prières publiques & les vœux particuliers au grand Allah, Taahla, seul Dieu suprême, immense, éternel, infini.

Quelques Auteurs très-éclairés sur la plûpart des usages de cette nation, mais très-peu sur son culte, & que M. Sale a trop litteralement suivis, ont prétendu que, suivant les Grecs, les Arabes n'adoroient que deux divinités, Orotalt & Alilat, ou Bacchus &

& les Superstitions.

Uranie. Jamais les Grecs n'ont écrit rien de semblable sur le culte de cette Nation : ils sçavoient que les Arabes n'admettoient qu'un Dieu supérieur, & qu'ils reconnoissoient une quantité prodigieuse de déesses inférieures, (*Alilakal*) divisées en étoiles, en planêtes, en anges.

A l'étonnante bisarrerie de ce culte, à la grossièreté de la doctrine des Arabes, qui croiroit que leur politheisme s'établit sur les débris d'une science utile & longtems florissante chez eux? Qui croiroit qu'ils ne devinrent insensés, stupides, fanatiques que quand ils commencèrent à préférer l'obscurité de l'ignorance à la lumière des arts? Il y a bien de l'apparence que ce ne sera point Mr. Rousseau de Génève, qui a fait avec tant d'éloquence & des preuves si fausses la satyre des sciences. Que pourroit-il répondre à des faits qui lui démontreroient que les mœurs des Arabes ne se sont corrompues qu'à mesure qu'ils sont devenus ignorans? Car, avant ils ne consultoient les astres, & n'observoient leurs changemens, qu'afin de se guider dans leurs courses maritimes, & de régler, suivant la variété des saisons, la suite intéressante de leurs travaux champêtres. Quand le goût pour le luxe, leur molesse, & l'activité des Nations voisines eurent restraint le commerce des Arabes, & que l'expérience leur eut appris à connoitre les tems des opérations rustiques, ils cessèrent de consulter les astres; ils cessèrent aussi de cultiver les sciences & les arts, & ne manquèrent pas, confondant par ignorance, les effets avec les causes, d'attribuer la variété des saisons, les tempêtes, les naufrages, toutes sortes d'évènemens à la diversité des aspects des corps célestes. Ce fut alors seulement que chacune des sept planètes eut un temple en Arabie; les murs de la Mecque furent élevés dans la suite des tems sur les fondemens d'un temple érigé dans son origine à Saturne, ou Zohal. Il est vraisemblable que cette idolâtrie étoit déjà d'une très-grande antiquité quand les Pélasges vinrent s'établir dans la Grèce, puisque Pausanias assure que longtems avant les fondateurs des Républiques grecques, les Arabes étoient dans l'usage de consacrer, soit dans les temples, soit dans les places publiques des statues aux étoiles.

Toutefois, ce n'étoient là que les objets généraux de la superstition des Arabes. Ils adoroient encore d'un culte tout particulier quelques étoiles fixes, de même que quelques planètes. Masam, ou le Soleil, étoit la grande idole des Hamyarites, qui rendoient aussi un culte solemnel à l'étoile Al Deboram, ou l'œil de taureau, & à Laklim, Jadam, Al-Mohstari, ou Jupiter.

Abu Calsha, qui, suivant beaucoup d'Orientaux, a été le grand-père maternel de

Mahomet, condamna hautement cette vénération de ses compatriotes pour les étoiles indistinctement ; & à la prodigieuse quantité d'objets de ce culte, trop étendu, disoit-il, pour être bien dirigé, il voulut qu'on substituât l'étoile Syrius, la seule, suivant lui, qui méritât des temples, des Prêtres, des autels. Abu Calsha n'étoit ni fanatique, ni éloquent, ni imposteur; c'étoit un homme simple & seulement superstitieux, il ne réussit pas : les Arabes continuerent d'avoir la plus haute idée de la puissance des étoiles, qu'ils croyoient influer immédiatement sur la pluye, les vents, les ouragans ; enfin sur tous les changemens qui arrivoient dans l'athmosphère, & qui jadis avoient ravagé la terre entière, fait perir tous les hommes, & bouleversé la nature.

L'ordre des divinités angéliques étoit beaucoup moins nombreux ; les Arabes n'en adoroient que trois ; *Allat, Al-Uzza* & *Manah*, qu'ils désignoient sous les noms de Déesses, ainsi que leurs images qu'ils croyoient animées.

Le sistême philosophique des mondes habités n'est rien moins que moderne ; car c'étoit-là le point le plus sacré de la doctrine des Arabes : ils ne doutoient pas que le soleil, la lune & les étoiles fixes ne servissent de demeures à des intelligences d'une nature moyenne entre l'homme & l'être suprême, qui dirigeoit les mouvemens de ces intelligences, comme l'ame gouverne le corps humain. Mais comme ces Globes célestes ne se montroient pas toujours sur l'horison, les Arabes suppléoient à leur présence par des images qu'ils consacroient solemnellement, comme nous l'avons dit, & où ils se persuadoient que ces intelligences venoient se renfermer, pour envoyer de-là leurs influences sur la terre & dans l'air, comme de leurs orbites même.

Telles étoient les superstitions les plus accréditées, les plus anciennes & les plus respectées chez cette nation : ce n'en étoit là cependant qu'une foible partie, & la plus raisonnable : car il y avoit encore parmi les Arabes, une étonnante quantité de préjugés d'une autre espèce, & bien plus inconcevables. Je ne m'arrêterai qu'à un très-petit nombre de ces erreurs populaires; elles suffiront pour donner une idée de l'ignorance exrrême des Arabes. Le détail de ces absurdités a trop fatigué ma patience, pour que je veuille rendre à mes Lecteurs l'ennui que m'ont causé les Historiens de cette nation.

Plusieurs tribus Arabes, & principalement celles de Koreish, de Kénanah & de Salim, avoient pour objet de culte un arbre appellé *Acacia*. Celles de Hodhaï & de Khozaah adoroient une large pierre, sur laquelle le sang des victimes couloit sans interruption. La tribu de Calb reconnoissoit pour Dieu suprême le ciel, qu'elle représentoit sous la forme d'un homme ; & l'idole *Sawa* étoit, sous les traits d'une femme, l'objet de la vénération de la tribu de Hamadan : quelques-uns ont prétendu que cette idole des Arabes n'étoit autre que le démon. *Yaghuth*, idole épouvantable, étoit sous les traits d'un lion, le Dieu de la tribu de Madhaï ; tandisque le Dieu de celle de Morad, *Yaûk*, étoit adoré sous la forme d'un cheval. Enfin, la tribu d'Ad mettoit au premier rang des Dieux, *Sâkia*, *Hâfedha*, *Râzeka* & *Salema*. Les Arabes de cette tribu croyoient que le premier, *Sâkia*, leur donnoit la pluye, que le second, *Hâfedha*, détournoit les dangers, qu'ils tenoient les alimens du troisième, *Râzeka*, & ils attribuoient au quatrième, *Salema*, le pouvoir de guérir les hommes de toutes sortes de maladies. Jupiter-Ammon & Bacchus étoient encore en Arabie deux puissantes divinités.

Je ne finirois pas si je voulois nommer ici tous les Dieux, toutes les idoles qui avoient des statues, des temples, des autels & des Prêtres chez cette nation. Je dirai seulement que les objets du culte Arabe étoient infiniment plus nombreux que les divinités égyptiennes, grecques & romaines : je dirai que ce Peuple avoit une si grande quantité de

Dieux, que chaque Arabe en avoit un, & souvent deux pour patrons; qu'ils comptoient trois cent soixante idoles principales; ensorte qu'ils pouvoient changer d'objet de culte chaque jour de l'année. De toutes ces idoles celle qu'inspiroit aux Arabes la plus profonde vénération, étoit *Hobal*: son image sculptée représentoit un homme, d'une taille avantageuse, d'un air fier, imposant, majestueux, débout, & tenant dans sa main sept fléches pareilles à celles dont les Arabes se servoient dans leurs opérations magiques. *Hobal*, ainsi représenté, étoit environné d'Anges & de Prophêtes, qui paroissoient ses subalternes.

Outre ce Dieu principal & ce grand nombre d'idoles, chaque Arabe, chef de famille, avoit une divinité, indépendante des autres, pour lui seul, dont il prenoit congé toutes les fois qu'il sortoit de sa maison, & qu'il ne manquoit pas de saluer également, aussitôt qu'il y rentroit.

Veut-on connoître jusques à quel dégré d'aveuglement & de folie les Arabes porterent leur gout pour le Polithéisme, & combien ils furent égarés par la supestitions? Qu'on consulte les ouvrages de leurs Auteurs les plus anciens; on y verra que toute pierre, pour si peu qu'elle fut large & applatie, étoit un Dieu pour eux, & qu'ils n'eussent osé passer outre, sans lui rendre tous les honneurs divins : on y verra que la tribu de Hanifa s'étoit stupidement fait un Dieu d'une masse de pâte, paitrie solemnellement, & ridiculement consacrée.

Il est vrai que les Perses éclairèrent un peu ce culte ténébreux par les principes de la religion des Mages, religion moins absurde dans ses dogmes; mais qui au fond, nétoit ni plus satisfaisante, ni moins chargée de superstitions; car personne n'ignore ce qu'il y avoit de raisonnable, & ce qu'il y avoit d'absurde dans la doctrine de Zoroastre, ou des deux principes; doctrine *diluvienne*, s'il m'est permis de m'exprimer ainsi, c'est-à-dire, visiblement fondée sur l'ancien combat de la terre contre les cieux, sur la défaite de l'un des deux principes, englouti & presque anéanti par le bon principe, qui pour venger sa gloire outragée, l'avoit vaincu, accablé, exterminé & rescussité ensuite, pour lutter encore contre lui jusqu'à la fin du grand période, où tout combat cessera entre le bon & le mauvais principe, qui rentrera pour jamais dans la nuit de l'antique chaos.

Quoique l'Arabie eut plus de Dieux que d'habitans, il y avoit pourtant une très-grande multitude d'Arabes qui ne croyoient ni aux idoles, ni aux Dieux, ni aux superstitions de leur pays. Mais par un préjugé plus impie que ceux de leurs concitoyens, ils n'admettoient ni une création passée, ni une résurection future ; la formation de toutes chose devoit être, suivant eux, attribuée à la nature, & leur dissolution au tems.

Quelques autres, & ceux-là passoient pour les plus sages, croyoient non-seulement à une résurection à venir ; mais encore au rétablissement parfait de tout ce qui avoit existé sur la terre depuis l'origine du monde. Aussi, lorsque que quelqu'un de cette secte périssoit, les autres avoient soin d'attacher près de son sépulcre le plus beau & le plus vigoureux de ses chameaux : on l'y laissoit mourir de faim, afin qu'il put porter le rescussité dans l'autre monde, & le suivre partout où son destin le conduiroit. Quelques uns, mais ceux-ci étoient en petit nombre, avoient, en l'adoptant, totalement défiguré le sistême de Pythagore ; ils étoient persuadés que du sang qui est le plus près du cerveau, il se formoit un oiseau qu'ils nommoient *Hamah*, & que cet oiseau venoit à la fin du dernier jour de chaque siécle, visiter le tombeau de celui dont le sang avoit servi à le former. Il y en avoit même qui prétendoient que lorsque cet oiseau étoit né du sang de quelqu'un qui avoit été tué injustement, il étoit animé de l'esprit de haîne & de vengeance qui eut agité, s'il ne fut pas mort, celui qui l'avoit engendré : c'est, disoient-ils, par un effet de ce ressentiment, qu'on entend cet oiseau funèbre répéter sans cesse ces terribles paroles ; *oscûni*,

oscûni, c'est-à-dire, *donnez-moi, que je boive le sang du meurtrier.*

Le judaïsme & le christianisme avoient aussi percé dans l'Arabie : mais le christianisme y fut connu à-peine, qu'il y fut obscurci par les superstitions nationales.

Autrefois moins stupides & moins superstitieux, les Arabes n'avoient point ignoré l'art d'écrire; mais cet art, comme le reste de leurs connoissances, s'étoit totalement perdu dans les ténébres de l'ignorance; ensorte que les lettres y furent dans la suite méconnues, au point que Mahomet lui-même, qui reçut néanmoins une excellente éducation, n'en avoit aucune idée, & qu'il ne sçut pas même lire. Ce n'est pas que les Arabes n'ayent été dans tous les tems ingénieux, légers, & d'une imagination prompte, forte, élèvée : mais toute leur science se bornoit à composer sur le champ, des déclamations, des discours, des harangues, ou des pièces de poësie : on prétend même, mais il n'existe aucune preuve de cette assertion, que leur prose étoient harmonieuse & cadencée. Leurs Ecrivains assurent que ceux dont l'éloquence parvenoit à engager le peuple à tenter quelque grande entreprise, ou à renoncer à quelque expédition qui eut été trop périlleuse, étoient tout de suite honorés par leurs concitoyens du titre de *Khatel*, ou d'orateur; c'est encore le nom que les Mahométans donnent à leurs prédicateurs. On dit aussi que les Arabes, même dans leur état d'ignorance, ne discontinuèrent jamais de cultiver trois connoissances qui peuvent s'acquérir, du-moins imparfaitement, sans le secours des lettres; leur généalogie, l'histoire de leurs principales révolutions, & tout autant d'astronomie qu'ils croyoient en avoir besoin pour prévoir les variations de l'air; & pour interpréter les songes.

À l'extrême folie de ces superstitions & de mille autres qu'ils m'eut été trop accablant de raconter, on sent combien cette confusion de Dieux, cette variété de sectes, ces ridicules opinions disposoient les Arabes à recevoir un nouveau culte, pour si peu qu'en affoiblissant la terreur qui les agitoit, il flattât leur penchant à la superstition. Aussi la législation & la doctrine que Mahomet leur fit adopter, eurent-elles d'autant plus de facilité à se répandre en Arabie, que les qualités morales des Arabes concouroient infiniment à les accréditer.

Il résulte, en effet, des écrits de leurs propres Auteurs, qu'à un très-petit nombre de vertus les Arabes joignoient une corruption extrême & des vices grossiers. Les loix de l'hospitalité étoient pour eux des loix sacrées; ils recevoient avec les mêmes graces, la même générosité, les hommes de toutes les nations qui arrivoient dans leur pays, ou qui s'y égaroient. Ils regardoient comme le plus affreux des crimes, la dureté envers les malheureux. Afin que les Voyageurs puſſent plus aiſément reconnoitre pendant la nuit les tentes qui leur étoient préparées, les Arabes avoient ſoin d'entretenir de grands feux ſur le ſommet des montagnes. Ils ne promettoient pas facilement ; mais leurs promeſſes étoient inviolables : jamais on ne vit un Arabe manquer à ſa parole. Chez eux auſſi la tendreſſe paternelle & l'amour filial étoient portés au plus haut dégré de ſenſibilité.

Mais ces vertus reſpectables étoient ternies par des vices odieux. Un eſprit indomptable de rapine & de cruauté animoit les Arabes. Afin de ſe livrer impunément à ce barbare caractére, & s'enrichir ſans crainte d'étre pourſuivis, ils avoient creuſé de diſtance en diſtance, des citernes dans leurs vaſtes déſerts; & ces citernes n'étant connues que d'eux ſeuls, ils étoient aſſurés que bientot les armées ennemies qui voudroient venir à eux, périroient néceſſairement de ſoif & de fatigue. En un mot, le brigandage & la piraterie leur étoient ſi naturels, qu'ils n'avoient point de terme pour exprimer le vol : ainſi, au lieu de dire : *j'ai enlevé, j'ai pris, j'ai volé*, un Arabe diſoit ; *j'ai acquis, j'ai gagné, j'ai recueilli*. Qui croiroit qu'entrainés par une inclination auſſi vile, auſſi irréſiſtible, les Arabes étoient cependant, les uns envers les autres, d'une probité sûre, exacte, inaltérable, & que le vol de particulier à particulier, étoit puni avec la plus grande rigueur ?

Aprés l'idée que ce bifarre mélange de vices, de vertus, d'efprit & d'ignorance, me donne de cette nation, il ne me refte plus qu'à réfléchir fur fa docilité, fur fon empreffement à recevoir, à adopter les erreurs, les fuperftitions qu'inventoient les Prêtres, l'impofture, la terreur, le fanatifme, & je ne ferai point furpris de la facilité que Mahomet eut à tromper fes concitoyens, ni du fuccès prodigieux de fa folle doctrine.

Il falloit à Mahomet un peuple tel que les Arabes ; mais il falloit auffi pour tirer cette nation des tènébres où elle étoit plongée, un homme tout extraordinaire, hardi dans fes projets, conftant dans leur exécution, fourbe adroit, impofteur féduifant, doux, ou cruel, fuivant les circonftances. Or, tel fut Mahomet, comme on en jugera par le rècit des moyens qu'il mit en ufage pour fonder l'Iflamifme, & pour en affurer l'étonnante durée & la propagation.

CHAPITRE

CHAPITRE XXIII.

Des différentes opinions sur Mahomet.

DOUTER *un peu de tout, avant que de rien admettre.* Cette maxime est bonne ; elle est, quoiqu'on en dise, utile & très-judicieuse : ce fut celle de Platon ; ce fut celle de Socrate ; ce sera toujours celle de quiconque voudra découvrir la vérité.

La vérité que tous les hommes cherchent, & qui échappe presque à tous, se derrobera-t'elle toujours à nos recherches ? non ; il sera possible d'arriver jusqu'à elle ; mais on n'y parviendra qu'après mille efforts & avec une peine infinie ; ce ne sera aussi qu'en perçant à travers le nuage des doutes qui l'environnent, qui la couvrent, qui la dérobent à nos yeux. En effet, comme dit le sceptique Montagne ; *à bien considérer la branloire de ce monde, de quoi peut-on s'assurer ?* Y a-t'il quelque certitude dans les récits les plus simples ? Il n'y en a aucune dans les faits : il y en a tout aussi peu dans les questions, ainsi que dans les opinions philosophiques. Eh qui jamais s'est assuré d'un fait ; qui l'a connu dans son exacte vérité ? Deux ou plusieurs Historiens ont raconté le même évènement ; sont-ils d'accord entr'eux ?

Ils s'en faut bien. Demandez à mille personnes quel fut le caractère d'un homme, qui s'est rendu célèbre par ses vertus, ou par ses crimes. Vous en aurez à coup sûr mille différens portraits, & qui n'auront l'un avec l'autre aucun trait de ressemblance. Il en est de même de tout : rien n'est sûr, rien n'est évidemment démontré, unanimement décidé ; quoique pourtant la vérité existe.

Il a paru sur la terre plusieurs personnages illustres, de qui on n'a cessé de dire beaucoup de bien, & plus de mal encore. Ces deux opinions contraires sur le même sujet, sont répandues, & soutenues avec la même chaleur : chacun écoute, & adopte, non celle qui après un examen réfléchi, exact, impartial, lui paroit la plus sûre & la mieux prouvée ; mais celle qui s'accommode le mieux à la paresse ou à la vivacité de son esprit, à ses passions, à ses préventions, à son attachement aux anciennes autorités, & en matière de doctrine, de dogme, de réligion, à sa crédulité, à sa superstition. Nous, par exemple, qui sommes nés sous un gouvernement sage & modéré ; nous qui avons été élevés dans les principes d'une réligion toute pure, toute sainte, comment oserions nous ou dire, ou croire que Mahomet n'a pas été le plus méchant & le plus scélérat des hommes ? On nous l'a si souvent répété pendant que nous ne pouvions faire aucun usage de la raison, on a pris soin de nous le dire tant de fois, pendant que nous n'avions aucune force pour discerner le vrai d'avec le faux, on nous a tant de fois irrités contre lui, quand il ne nous appartenoit pas d'accuser d'ignorance, de haine, ou de préjugés ceux qui nous instruisoient ? Nous avons cru, à cet âge, tout ce que l'on vouloit que nous crussions. Ensuite les passions, les habitudes de l'enfance se sont emparées de nous, avant que nous ayons eu le tems d'apprécier la valeur de ce qu'à notre insçû, en quelque sorte, on avoit fait entrer dans notre esprit. Depuis, quand, la raison toute empreinte des contes dont nous avons été bercés dans nos premières années, on nous a fait connoitre les principes de cette science mensongère à laquelle les hommes donnent si mal-à-propos le nom d'*art de penser*, art dont, suivant l'ancienne & trop funeste méthode, on a eu très-grand soin de ne nous donner les principes qu'après nous avoir ôté toute justesse de pensée, toute exactitude d'esprit ; alors, dis-je, nous avons entendu des gens à qui nous supposions de la raison & du bon sens, répéter, comme autant de vérités, les mêmes fables qui avoient égaré notre enfance : que faire alors ? comment échapper à l'erreur, quand tout vient l'étayer, & confirmer nos premiers préjugés ?

Mahomet a été un habile législateur ; il a guéri les hommes de beaucoup de superstitions ; les dogmes, la doctrine, les erreurs

& les préjugés qu'il a fait recevoir à ses Concitoyens, sont moins bisarres moins nuisibles que les dogmes, les erreurs & les superstitions qui jusqu'alors les avoient égarés : il a diminué le poids de la terreur, qui, pendant plusieurs siécles, les avoit accablés ; il a fondé un vaste empire : mérite-t'il l'estime ou l'exécration de la terre ? Plusieurs l'ont regardé comme un des plus grands hommes qui ayent paru dans le monde ; ils ne voyent en lui qu'un génie sublime, un jugement sain & toujours infaillible, mille excellentes qualités, toutes les vertus morales, toutes les vertus sociales : ses instructions, disent-ils, étoient d'une profonde sagesse, ses principes d'une solidité inébranlable, la réligion qu'il annonça, vraie, pure, simple, & auguste par sa simplicité.

Quelques autres, moins éblouis des succès de Mahomet, qu'indignés de ses fourberies, le peignent comme un imposteur. Ce ne fut, disent-ils, qu'un scélérat couvert de crimes, plein de vices, d'ambition, d'hypocrisie ; il fut cruel, sanguinaire, barbare, audacieux, dissimulé jusqu'aux derniers excès de la perfidie, corrompu, débauché jusqu'au dernier dégré de la dépravation. L'une de ces opinions est certainement fausse : mais de ces sentimens si opposés, lequel des deux choisir, & auquel s'arrêter ? Ni à l'un ni à l'autre : l'enthousiasme a dicté le premier, le fanatisme, le second.

& les Superstitions.

Mahomet ne fut, à mon avis, ni un monstre, ni un homme de bien. Il fut ambitieux, & pour le malheur du monde, comme bien des gens le pensent, il nâquit dans un tems de ténèbres, & chez une nation très-favorable à ses hardis projets. Je n'entreprends point de combattre ses principes, sa doctrine & ses instructions; son édifice croule par sa propre foiblesse. Je ne veux me rétracer quelques traits de sa vie, qu'afin de me convaincre que c'est bien moins à ses talens, à son génie qu'il doit le succès de ses vûes, de ses complots, de ses crimes, qu'à la disposition du peuple qu'il s'étoit proposé de subjuguer, au penchant des Arabes pour la superstition, aux idées effrayantes qu'ils avoient de la divinité, à la terreur mieux raisonnée qu'il sçut leur inspirer, à l'art qu'il eut de flatter leur amour propre, enfin, à la molesse des Grecs, à la décadence de l'empire Persan, à la corruption générale des mœurs de ses compatriotes, à l'ignorance, aux préjugés & aux divisions qui régnoient alors parmi les Chrétiens d'Orient. Ce furent là les principales causes qui concoururent à l'établissement, aux progrès & à la stabilité de l'Islamisme.

CHAPITRE XXIV.

De la naissance de Mahomet.

LEs Editeurs de *Moreri*, Sçavans fort estimables, mais souvent très-mal informés, & trop légers dans leurs assertions, prétendent que Mahomet est né dans la lie du peuple ; c'est une erreur, & ce n'est pas la seule qu'on trouve dans ce Dictionnaire, qu'on eut dû rédiger avec un peu plus de soin. Mahomet est sorti d'une des premières familles de la tribu de Koreish, qui étoit la plus ancienne & la plus distinguée des tribus Arabes. Ce fut même l'élévation de sa naissance, le rang & l'autorité des parens du Prophète qui fécondèrent ses premières entreprises. Tous les Ecrivains raisonnables conviennent, d'après les Historiens orientaux, que Mahomet descendoit de Galeb, fils de Fahr, surnommé *Koreish*, Guerrier puissant & rédouté. Il est aisé de voir les preuves de cette descendance dans Abulfeda, Pocock, Gagne, Aljanabi, le Comte de Boulainvilliers, &c., Auteurs qui me serviront de guides dans la plûpart des faits que j'ai à raconter.

 Abd'allah, pere de Mahomet, étoit fils d'Abd'al Motalleb, fils de Hashem, Prince des Koreishites, Gouverneur de la Mecque & Intendant de la Caaba. Les vertus de Hashem, sa générosité, ses exploits héroïques lui avoient fait donner le surnom d'*Alola* (*le sublime*) : il avoit de l'autorité sur les Chefs des tribus du voisinage, & tous les Grands de la nation le reconnoissoient pour leur superieur. Abd'allah qui étoit le mieux fait & le plus agréable des Arabes, épousa la belle Aménah, & non Emina, comme l'a dit M. Bayle dans son *Dictionnaire* (*art.* MAHOMET). Aménah étoit la plus aimable, la plus sage des jeunes filles de l'Arabie, & d'une des premières Maisons de sa tribu.

Ce fut de ces époux que Mahomet réçut le jour. Il nâquit à la Mecque le premier lundi du mois que les Arabes appellent le *premier Rabi*. Cette époque se rapporte au 22 Avril de l'année 578 de l'ère chrétienne, 6163 ans depuis la création. Quand Mahomet eut commencé de répandre sa doctrine, il dit à ses confidens, & tous les Ecrivains de sa réligion n'ont pas manqué de dire d'après lui, que sa naissance avoit été précédée & suivie d'une étonnante quantité de prodiges, plus extraordinaires les uns que les autres. Je n'en rapporterai que quelques-uns, afin de donner une idée de la crédulité des Arabes, & du génie de l'imposteur qui les trompoit.

Au même instant, disent tous les Auteurs Mahométans, où le Prophète sortit du sein de sa mere, une lumière éclatante brilla d'un feu tout extraordinaire dans la Syrie entière ; elle éclaira les villes, les villages, les châteaux, & les places publiques. Mahomet, continuent-ils, sorti à-peine du sein de la belle Amenah, s'échappa des mains de l'Accoucheur, & se jettant à génoux, le visage élevé vers le ciel, il prononça d'une voix ferme & distincte, ces mots sacrés, *Allah, Achar, Allah, &c.*; c'est-à-dire, *Dieu est grand: il n'y a qu'un Dieu, & je suis son Prophéte.* Ceux qui furent témoins de ce prodige, restèrent pendant quelques momens tout surpris, tout stupefaits de crainte, de respect & d'admiration. Revenus de leur premier étonnement, ils prirent ce merveilleux enfant, l'éxaminèrent, & le considérant avec attention, ils observèrent qu'il étoit circoncis, & qu'il étoit venu au monde les vaisseaux ombilicaux coupés. Tous les Orientaux assurent que la seconde fois que Mahomet articula des sons, les démons, les mauvais génies, les esprits de ténèbres furent précipités du haut des étoiles & des signes du zodiaque, dans les abymes éternels, & que dès-lors seulement ils cessèrent d'animer les Idoles, de rendre des oracles, de séduire & de pervertir l'espèce humaine.

Ce fut aussi dans les mêmes circonstances, disent toujours les Docteurs Mahométans, que les Persans virent pour la première fois s'éteindre sur l'autel le feu sacré de Zoroastre, qui pendant plus de mille ans avoit brûlé sans interruption. A l'instant même où ce feu s'éteignit, une partie du palais du Roi de Perse s'écroula; la sécousse fut même, dit-on, si violente, que quatorze fortes tours qui composoient cette partie, tombèrent sur leurs fondemens. Cosroés qui régnoit alors, fut effrayé de ces prodiges: il appella le *Mubadam*, ou le grand Pontife des Mages, & lui ayant demandé ce que lui préfageoient ces désastres: grand Roi, répondit le Mubadam, écoute, & tremble. J'ai eu la nuit dernière un songe dont le souvenir remplit mon cœur de trouble & mon ame de terreur. J'ai vû un chameau vigoureux, jeune & plein de fierté, combattre quelque tems, & terrassé bientôt par un cheval Arabe. Je pleurois sur le sort du vaincu, quand un nouveau spectacle est venu m'agiter. J'ai vû le Tigre impétueux enfler ses flots, couvrir ses bords, & inonder la campagne. Malheureux Roi! n'en doute point, ce songe est un avertissement que les Dieux m'ont envoyé pour t'apprendre par ma bouche, que dans peu tu recevras quelque funeste nouvelle du côté de l'Arabie. Cosroés plus effrayé du songe du Pontife que de l'extinction du feu sacré, de la chute du palais & des quatorze tours, dépécha promptement un messager vers Nooman, Prince Arabe, auquel il ordonna de venir incessamment, & d'amener le plus ingénieux, le plus fçavant Interprête des fonges qu'il pourroit découvrir. Nooman vint accompagné du fage & merveilleux Abd'al Mallih. Cofroés raconta à l'Interprête Arabe tous les prodiges qui venoient d'arriver. Abd'al ne fe fentant pas affez illuminé pour expliquer tant & de fi furprénantes chofes, pria Cofroés de lui permettre d'aller confulter fon oncle, l'infaillible Satih, qui étoit le Devin le plus célèbre de l'Arabie. Cofroés y confentit, & Satih répondit à fon neveu : dis au Roi Cofroés : ô Roi ! voici ce que les Dieux t'annoncent : la chute de ces quatorze tours, ce tremblement de terre, l'extinction du feu facré, ce fier chameau terraffé par un cheval Arabe, ce débordement du Tigre fignifient vifiblement la ruine prochaine de la famille royale des Saffanides, & la conquête de l'Empire Perfan, après les régnes de quatorze Rois.

Pendant que ces phénomènes & ces préfages finiftres affligeoient Cofroés, la joie pénétroit de fes tranfports les plus vifs la famille du Prophête futur. Le feptième jour après fa naiffance, Abd'al Motalleb, fon grand pere, invita les principaux Koreishites à un grand feftin ; ils s'y rendirent tous : fur la fin du répas, ils prièrent le fage Motalleeb de donner, fuivant l'ufage, un nom à fon petit fils. Je le nomme Mahomet, s'écria le Vieillard d'un ton d'infpiration. Pourquoi donc, dirent les Koreishites, vous éloigner ainsi de nos anciennes coutumes, & par quelle raison refusez-vous de donner à cet enfant le nom de quelqu'un de sa famille ? *Puisse*, répliqua Motalleb, *puisse le Très-Haut glorifier dans le ciel celui qu'il a créé sur la terre !* car Mahomet *signifie* LOUÉ, GLORIFIÉ.

Un malheur imprévû vint changer en amertume, en tristesse, en regrets les douceurs que goûtoit Motalleb, & le bonheur de sa famille. Mahomet n'avoit que deux mois quand Abd'allah, son pere, mourut à Yathreb, petite ville, qui depuis a pris le nom de *Médine*, c'est-à-dire, *Ville du Prophéte*. Je ne sçais dans quels Auteurs Bayle a trouvé que ce fut deux mois avant la naissance de son fils qu'Abdallah mourut : quels qu'ils soient, ils se sont trompés ; les Ecrivains orientaux sont tout d'accord sur la date de cette mort, qu'ils placent à la fin du second mois de la vie de Mahomet.

Accablée de la perte qu'elle venoit de faire, toute entière à la douleur, & noyée dans ses larmes, Aménah dans le trouble qui l'agitoit, n'étoit point en état d'allaiter son fils ; elle le confia d'abord à Thawiba, Servante de son oncle, & ensuite à la jeune Halima, de la tribu des Saadites. Celle-ci emporta son nourrisson dans le désert, où son mari vivoit avec la petite tribu des Saadites, séparée du reste des Arabes.

CHAPITRE XXV.

De l'enfance de Mahomet.

BIEN des Philosophes prétendent que tous les hommes naissent avec le même caractère, les mêmes dispositions, enfin, qu'ils portent en eux, quand ils entrent dans la vie, la même inclination au bien & au mal; & que ce n'est que l'éducation qui les rend vertueux ou méchans, doux ou cruels, impies ou réligieux. Ce sont d'étranges raisonneurs que ces Philosophes: ils ne veulent rien approfondir, s'irritent si l'on discute leurs propositions quelques bisarres qu'elles soient, & refusent obstinement de se rendre aux exemples sans cesse repétés, & qui prouvent le peu de certitude de leurs opinions: car on ne voit que trop souvent la même éducation inspirer à un enfant le goût de la vertu, & développer dans le cœur pervers d'un autre l'amour & le germe des vices. Mais quelle éducation eut arrêté, ou pû rectifier l'irrésistible penchant de Mahomet à l'imposture & à l'ambition? Ce penchant étoit en lui si fort, si naturel, que sa langue n'étoit pas encore déliée, qu'il faisoit des efforts pour exprimer les idées de fraude dont son ame étoit occupée; ses premiers sons furent des expressions de fourberie & de mensonge. Soit que son imagination fut frappée des contes effrayans qu'il avoit entendu raconter aux Arabes qui l'entouroient ; soit que dès-lors il voulut essayer ses talens pour la fourberie, il en imposa un jour à Halima & à son époux, qui s'étant éloignés pendant quelques heures, le trouvèrent étendu par terre, le corps couvert de sueur, la bouche écumante, les yeux égarés, ses vétemens déchirés, dans un désordre extrême. Etonnés de le voir dans cet état, ils l'intérrogèrent, & il répondit que deux hommes grands & robustes étoient venus à lui, qu'ils l'avoient obligé de lutter contr'eux ; que malgré la foiblesse de son âge, il avoit longtems combattu, mais qu'enfin ils l'avoient terrassé, & lui avoient ouvert le ventre. Ce discours plus étonnant dans la bouche de cet enfant, que la violence de l'état où il paroissoit avoir été, fit croire à Halima que Mahomet avoit eu quelque vision extraordinaire, & elle ajoûtoit foi à cette folle rélation, quand son époux moins crédule, & l'examinant de plus près, dit à sa femme qu'il falloit au plutôt renvoyer cet enfant à sa mere, parcequ'à cette écume, à la sueur dont il étoit couvert, & aux convulsions qui l'avoient agité, il ne doutoit pas que ce ne fut là une attaque d'épilepsie. La suite prouva la justesse de cette observation.

Halima se hâta de rendre Mahomet à la veuve Aménah, qui mourut trois ans après,

& le laissa tout occupé de grandes vües, quoiqu'âgé à-peine de six ans, & dans la plus dure indigence. Motalleb, son grand-pere, le prit dans sa maison, & l'aima plus tendrement que ses propres enfans. Deux ans après, la mort enleva Motalleb, qui avant que d'expirer, chargea Abu-Taleb, l'ainé de ses enfans & frere utérin d'Abd'allah, de prendre soin de Mahomet. Abu-Taleb eut pour son jeune pupille des sentimens vraiment paternels; il l'aima autant qu'un pere tendre peut aimer son fils unique, & se chargea lui-même du soin de l'élever dans le commerce; car les Arabes ne connoissoient alors d'autre profession que le commerce d'échange, & comme il étoit la seule source de leurs richesses, ils étoient tous commerçans, principalement les Chefs des tribus & les plus distingués de la nation.

Quand Mahomet fut parvenu à l'âge de 12 ans, Abu Taleb, afin de le perfectionner dans l'état qu'il désiroit de lui faire embrasser, le mena voyager avec lui dans la Syrie. Arrivés à Bostra, ils allèrent visiter un monastère, & furent accueillis par un Moine Nestorien, qui passoit pour être le plus sçavant du canton, & qui, à la vérité, étoit l'honneur & le flambeau de ce couvent, habité par une troupe d'hommes grossiers, & presque sauvages. Ce Moine, plus superstitieux qu'éclairé, plus fanatique que pieux, ignorant plein d'imagination, s'est rendu fort célèbre sous le nom de *Sergius*; il a eu, dit on, aussi beaucoup de part à la composition de l'Alcoran; conjecture hazardée, & qui me paroit fausse, comme je le prouverai dans la suite de cet ouvrage. La beauté du jeune Mahomet, son air fourbe & orgueilleusement modeste, frappèrent Sergius, qui dès-lors s'intéressa pour lui, & reçut les deux Voyageurs avec distinction. Comme c'est Mahomet qui a rendu compte de ce qui se passa dans cette première visite; on peut, je crois, se dispenser d'ajouter foi au récit qu'il en fait: car il dit que Sergius, en le voyant, apperçut une nuée lumineuse & transparente au-dessus de sa tête; que s'étant approchés l'un de l'autre, & Mahomet s'étant assis, les arbres sous lesquels il s'étoit reposé, s'étoient au même instant revêtus de feuillage; qu'enfin surpris de ces prodiges, Sergius l'avoit prié de se laisser examiner, & que l'ayant considéré, il avoit vû entre ses deux épaules le signe de prophétie; qu'alors le Moine pénétré de respect, s'adressant à Abu-Taleb; retournez-vous-en, lui dit-il, amenez cet enfant; prenez garde surtout qu'il ne tombe entre les mains des Juifs, & songez qu'il déviendra bientôt un homme extraordinaire, qu'il s'élevera même au-dessus de l'humanité. Sergius n'a jamais démenti cette fable; il n'avoit garde; il étoit attaché à Mahomet par des liens trop forts, pour qu'il osât le démasquer.

CHAPITRE XXVI.

Des premières actions de Mahomet.

FLATTÉ de l'amitié du Moine Sergius, & tout énorgueilli des grandes choses qui lui avoient été prédites dans le couvent de Bostra, Mahomet de retour à la Mecque, jugea, quoique bien jeune encore, qu'il étoit tems d'en imposer à la crédulité de ses concitoyens. Riche des dons de la nature, il se distingua bientôt de tous ceux de son âge, & par les qualités les plus rares de l'esprit, & par sa force & son adresse dans tous les exercices du corps. Il n'étoit pas seulement le plus robuste & le plus infatigable de tous les jeunes gens de sa tribu, mais il avoit encore au dessus d'eux & de tous ceux de sa nation, des vertus inconnues depuis longtems en Arabie. Judicieux dans ses propos, énergique dans ses expressions, fidelle à ses amis, & plus encore à ses promesses, plein de candeur dans ses actions, ils évitoit avec un soin extrême tout ce qui eut put faire soupçonner en lui quelque goût pour le vice, quelque penchant à la licence.

Etonnés d'une conduite aussi sage, aussi soutenue, les Koreishites, quoique méchans
&

& corrompus, respectèrent Mahomet : ils ne se doutoient pas de l'étendue des projets, de l'excessive ambition, de la profonde hypocrisie que le pupille de Taleb renfermoit dans son cœur; ils ne se doutoient pas qu'en lui tout étoit faux, perfide, dangereux.

Ce fut ainsi qu'enveloppé du voile de la sagesse, & sous prétexte de s'instruire, il prépara les esprits à recevoir ses impostures, à adopter la législation qu'il se proposoit de donner, à embrasser la nouvelle doctrine, à respecter la religion qu'il vouloit établir sur les ruines de l'idolâtrie, sur les débris de tous les cultes reçus en Arabie, & s'il le pouvoit même, sur le renversement de la religion naturelle, qui cependant devoit être la base de sa morale & de ses dogmes.

Il ne suffisoit pas à Mahomet de passer pour le plus sage & le plus religieux de ses concitoyens; il étoit nécessaire de leur donner aussi une haute idée de sa valeur dans les combats, & de sa profonde habileté dans l'art de gouverner : car il étoit important d'intimider par avance les ennemis que la hardiesse de ses projets pourroit lui susciter, & de décourager les rivaux qui voudroient lui disputer un jour les rênes de l'état. Courageux, parcequ'il falloit l'être pour reüssir dans ses desseins, Mahomet profita de la première occasion que la fortune lui offrit, & il donna des preuves éclatantes de son intrépidité. Les Koréishites avoient déclaré la guerre aux Tribus de Kénan & de Hawazan, & ils marchérent contr'elles commandés par Abu-Taleb. L'armée des deux Tribus réunies, étoit infiniment supérieure à celle de Koreishites, soit par le nombre, la force & la bravoure des soldats qui la composoient, soit par l'exacte discipline qui régnoit dans leur camp. Mahomet seul balança tous ces avantages, inspira, par sa confiance, de la valeur à ses compatriotes, qui honteux de voir le plus jeune d'entr'eux, (il n'avoit alors que 20 ans) s'exposer aux dangers, & leur donner l'exemple, fondirent sur les ennemis, & précédés de Mahomet, battirent les deux Tribus, les dispersèrent, & en firent un horrible carnage.

Les lauriers que le neveu d'Abu-Taleb cueillit dans cette guerre, l'éclat de ses exploits, sa modestie, & son humanité dans le sein même de la victoire, le firent regarder comme le plus grand des Héros qui eussent jusqu'alors illustré l'Arabie: une nouvelle circonstance acheva de lui concilier l'estime & la vénération de ses concitoyens. Les Koreishites avoient fait démolir la Caaba, maison quarrée du temple de la Mecque, dans le dessein de l'aggrandir & de l'exhausser. Quand le nouveau batiment se trouva à la hauteur prescrite pour placer la pierre noire, idole principale du temple, les habitans de la Mecque divisés en plusieurs Tribus, ne furent point d'accord sur le choix de celui qui auroit le bonheur de placer cette pierre. Après de longues discussions, on consentit à s'en rapporter à celui qui le lendemain paroîtroit le premier à la porte du temple. Mahomet fut instruit de cette délibération, & il n'eut garde de manquer de se présenter le premier. Les Tribus s'assemblérent, & chacun attendoit en silence la décision de Mahomet : mais il étoit bien éloigné de céder à quelqu'autre un choix qu'il pouvoit si facilement faire tomber sur lui-même : il mit la pierre noire sur un riche tapis, qu'il fit élever ensuite par deux Arabes de chaque Tribu ; & la prenant alors, il la plaça lui-même, au bruit des applaudissemens de tous les habitans de la Mecque, trop enchantés de la noblesse de cette action, pour démêler l'orgueil qui en avoit été le motif.

La vie de Mahomet, depuis cette époque jusqu'à ce qu'il eut atteint l'âge de vingt-cinq ans, fut obscure, ou du moins ses actions ont été inconnues même aux Docteurs Musulmans, qui sont tous fort embarrassés de remplir ce vuide de cinq années. Il est toutefois bien aisé de comprendre parcequ'il a fait dans la suite, qu'il employa cet espace de tems à préparer l'édifice de sa fausse doctrine, & à chercher les moyens les plus propres à la faire adopter.

CHAPITRE XXVII.

Du mariage de Mahomet

ABU-TALEB énorgueilli de la gloire de son neveu, mais cependant trop peu favorisé de la fortune pour lui donner un rang distingué, lui fournit un moyen fort honnête de s'enrichir par l'industrie.

Il y avoit à la Mecque une Veuve très-riche, qui seule & sans enfans, ne pouvoit que difficilement veiller à son commerce, & mettre fin aux grandes entreprises que son mari avoit formées quelque tems avant sa mort. Khadija, (c'étoit le nom de cette veuve), quoiqu'elle eut près de 40 ans, étoit très-belle encore, & le soin de conserver sa fraicheur & ses graces, ne laissoit pas de lui rendre fort-génantes les opérations assidues & multipliées de son commerce. Abu-Taleb lui parla de l'intelligence & de l'activité de son neveu. Mahomet étoit beau, il n'avoit que 25 ans, ses traits & sa jeunesse avoient fait impression sur l'ame vertueuse de Khadija; elle convint sans peine que le fils de la belle Amenah devoit être un homme intelligent, actif, industrieux & très-capable de conduire les affaires de commerce les plus considérables. Elle commença par permettre, & finit par prier Abu-Taleb de lui améner son neveu le plutôt qu'il lui seroit possible: Abu-Taleb ne tarda point; il présenta Mahomet à la veuve, qui le retint chez elle en qualité de son facteur.

Bayle toujours trompé par ses mémoires, prétend que Mahomet fut le conducteur des chameaux de Khadija : ce fait est aussi faux qu'il est peu vraisemblable : car comment supposer que Mahomet, déjà considéré à la Mecque, estimé par ses mœurs, admiré par son courage, l'un des principaux Koréishites par sa naissance, neveu d'un Général puissant, sorti d'une famille illustre ; comment, dis-je, supposer qu'un tel homme à l'âge de 25 ans, eut accepté l'emploi, tres-vil chez les Arabes, de conducteur de chameaux ? On sçait d'ailleurs que l'orgueil a été la passion dominante de Mahomet : or, le moyen de concilier la fierté de l'ambition avec l'humiliation de la servitude ? Déjà depuis quelques années Mahomet songeoit à s'élever audessus de ses compatriotes, & le métier de conducteur de chameaux l'eut nécessairement contraint d'abbandonner ses projets, de renoncer à ses espérances.

J'ai dit en parlant des usages & des coutumes des Arabes, que chez eux le commerce consistant tout en échange, il leur suffisoit de connoitre la valeur réciproque des marchandises ; mais qu'il leur étoit tout-à-fait inutile d'être inftruits dans les opérations de calcul, & de fçavoir écrire. Auffi, quoique très-ignorant en écriture & en arithmétique, Mahomet étoit-il habile Commerçant. Il rendit par fon activité & fon intelligence des fervices fi importans à la veuve Khadija, qu'elle l'époufa, à fon retour d'un voyage en Syrie, où elle l'avoit envoyé.

Ce mariage d'une veuve de 40 ans, & très-riche, avec un jeune homme fort beau à la vérité, mais très-pauvre, eut été le fujet des entretiens de la Mecque, fi Khadija n'eut publié qu'elle avoit eu de très-bonnes raifons pour s'unir avec Mahomet, qui étoit la fageffe même, & qui lui avoit dit que pendant fes courfes dans la Syrie, deux anges l'avoient couvert de leurs ailes, pour le garantir de l'ardeur du foleil. Les Arabes euffent été bien méchans, bien impies d'ofer, après cela, fuppofer quelque paffion trop vive dans le cœur d'une femme, qui n'étant plus dans fa jeuneffe, donnoit fa main à un jeune homme, vifiblement protégé du ciel & des anges, comme il le difoit lui-même. Les Arabes gardèrent le filence, refpectèrent cette union, & crurent fort docilement aux anges confervateurs du faint époux de Khadija.

Dans ce fecond voyage en Syrie, Mahomet avoit rendu vifite à fon ami, le Moine Sergius, qui l'avoit inftruit des principes &

des mistères de la religion chrétienne, & qui, suivant les absurdes assertions de quelques Auteurs, s'engagea à lui fournir des matériaux en abondance pour former l'édifice de l'Islamisme. Echauffé par les discours & les exhortations de Sergius, Mahomet de retour à la Mecque, parla de ses nouveaux sentimens sur la religion à quelques-uns de ses amis, & leur fit part du désir brûlant qu'il avoit de détruire pour jamais le culte des idoles & toutes les superstitions qui deshonnoroient sa patrie. La docilité des Koréishites, leurs préjugés & l'espèce d'approbation qu'ils donnerent à cette proposition, inspirerent de grandes espérances à Mahomet : mais jugeant qu'il n'étoit pas tems encore d'exécuter son projet, il ne songea qu'à s'attacher le plus d'amis qu'il lui seroit possible, & à se rendre le peuple favorable : il y parvint d'autant plus aisément, que l'immense fortune de Khadija lui permettoit de prendre un rang conforme à sa haute naissance & à l'élevation de ses vues. Il employa quinze ans à gagner, à force de contrainte, de dissimulation & de bienfaits répandus à propos, la confiance des différentes tribus qui vivoient à la Mecque. Ce ne fut qu'après ce long intervalle, & quand il crut s'être concilié l'estime & la bienveillance du plus grand nombre de ses concitoyens, qu'il dit publiquement qu'inspiré par Dieu lui-même, il alloit introduire une nouvelle religion ; ou plutôt, que Dieu lui avoit ordonné de rétablir en Arabie, dans l'Orient, & sur la terre entière la religion d'Adam, de Noë, d'Abraham, de Moïse & de Jesus; que docile à ces ordres divins, il vouloit tenter de détruire l'idolâtrie grossière de ses compatriotes, & rendre au culte du Dieu unique sa pureté primitive. Ces grandes promesses irritèrent quelques Khoréishites, jaloux peut-être de la gloire future de Mahomet : mais le peuple excité par les amis de l'imposteur, reçut avec transport la nouvelle de cette réformation prochaine, & attendit avec impatience l'exécution de ce projet.

CHAPITRE XXVIII.

Soins que Mahomet prend pour disposer les esprits à recevoir l'Islamisme.

MAHOMET connoissoit trop l'importance & les difficultés du rôle qu'il alloit jouer, pour commencer son entreprise sans avoir prévû les obstacles qui pourroient l'arrêter, & sans avoir préparé tous les matériaux qu'il jugeoit devoir employer. Il étudia d'abord les dogmes des Juifs ; il médita ensuite ceux des Chrétiens ; & quand il eut appris avec quelle fureur les diverses sectes de ces deux religions se déchiroient, il pensa, & ce fut, suivant moi, avec beaucoup de justesse, que le plus sûr moyen de réussir étoit de proposer une religion dont les principes fussent propres à séduire ce qu'il y avoit de plus relâché parmi les Juifs, les Chrétiens & les Idolâtres même.

Ce moyen très-condamnable, impie, sacrilège, infernal, si l'on veut, mais bien adroit pourtant & fort ingénieux, fut la base du sistême de Mahomet, de sa doctrine, de ses loix, & du culte dont il fut l'Instituteur : il ne s'en éloigna jamais. La lecture de l'Alcoran suffit pour se convaincre de la vérité de cette observation, & pour y découvrir l'esprit de l'Islamisme, doctrine singulière, qui n'est qu'un mélange bisarre de tout ce qui peut irriter & flatter la sensualité ; un assemblage, monstrueux en apparence, mais d'un art infini, de quelques principes hétérodoxes pris de diverses sectes hérétiques, de quelques préceptes sur les devoirs moraux, & de rites empruntés du judaïsme & du paganisme.

Une telle doctrine démontre, à mon avis, que l'entreprise de Mahomet ne fut rien moins qu'un effet de son enthousiasme, & qu'au contraire elle ne fut qu'une suite très-naturelle de son ambition. Il vouloit dominer & donner aux Arabes une législation ; mais pour les assujettir à l'empire qu'il se proposoit d'établir, & pour les rendre dociles à ses loix, il comprit qu'il étoit nécessaire de flatter leurs passions, & de ne pas contraindre leurs désirs ; projet réfléchi de sang froid par un imposteur habile, adroitement couvert du masque de la religion.

Veut-on sçavoir combien une telle doctrine devoit plaire aux Arabes, & s'assurer de la facilité qu'elle eut à se répandre dans l'Orient ? Qu'on examine à quel dégré d'ignorance & de corruption les Arabes étoient parvenus ; qu'on songe à leur goût pour le vice & les débordemens ; qu'on jette ensuite un coup d'œil sur l'étonnante quantité & sur la bisarrerie de leurs superstitions ; qu'on

& les Superstitions.

se fasse une idée de leur empressement à croire, à adopter tout ce qui pouvoit flatter la perversité de leurs inclinations ; & l'on conviendra que Mahomet eut bien moins de génie que d'adresse ; qu'il eut l'art de profiter des circonstances auxquelles il fut redevable de ses premiers succès & de la rapidité des progrès que fit sa doctrine, quand la force & le bonheur de ses armes lui eurent fait franchir les bornes de l'Arabie.

S'il y a quelque justesse dans ces observations, on aura bien de la peine à comprendre pourquoi les progrès de l'Islamisme ne furent pas plus rapides, quand on se représentera la foiblesse de l'Empire Romain, & la confusion qui régnoit dans la monarchie des Perses, nation jadis si redoutable, & qui, si elle eut conservé quelques restes de son ancienne force, eut été l'inébranlable écueil contre lequel tous les efforts de Mahomet seroient venus se briser & s'anéantir.

Mais comment ces Puissances jadis si formidables, eussent-elles alors pu servir de barrière aux Arabes ? Des guerres intestines, le feu des factions, une foule de fanatiques divisés en plusieurs sectes, les desordres de l'anarchie, agitoient, déchiroient le Royaume des Perses. L'empire d'Orient étoit plus foible encore. La Grèce étoit plongée dans une molle léthargie, d'où elle ne devoit sortir que pour tomber dans les chaînes flétriſſantes du deſpotiſme. L'Arabie profitoit des malheurs de ces Etats ; elle devenoit floriſſante à meſure que la Grèce & la Perſe penchoient vers leur deſtruction ; & Mahomet ſeul connoiſſoit les cauſes de l'accroiſſement de ſa nation. Il ne s'agiſſoit donc que de perſuader à ſes concitoyens, que ce ſeroit à leur zèle pour la religion qu'il ſe propoſoit de fonder, qu'ils devroient le ſuccès de leurs armes & la conquête des nations.

Telle étoit la ſituation de l'Arabie & de l'Orient, quand Mahomet jugea qu'il ne falloit plus différer l'exécution de ſes projets. Les plus grands obſtacles qu'il avoit à ſurmonter, étoient l'attachement des Koréishites à leurs anciennes erreurs, la difficulté de leur perſuader qu'il étoit envoyé du ciel pour leur donner un nouveau culte, les efforts des chefs des tribus, qui ne manqueroient pas de s'oppoſer à ſon élévation, & de lui refuſer le titre de Prophète : car s'il pouvoit parvenir à être regardé comme tel par le peuple, il ne doutoit pas d'aſſervir l'Arabie, qui une fois ſoumiſe, le rendroit en peu d'années maitre de l'Orient. Voici par quelles fourberies, par quelle chaine de grandes actions, & de crimes plus grands encore, il remplit l'immenſe & très-périlleuſe carrière qu'il avoit à parcourir.

CHAPITRE XXIX.

Premières impostures de Mahomet secondées par la superstition des Arabes.

CE fut sur l'esprit de sa femme que Mahomet crut devoir faire le premier essai de l'empire qu'il se proposoit d'exercer sur la crédulité publique. Cette expérience lui parut d'autant plus importante, qu'il étoit assuré, s'il pouvoit réussir, d'avoir bientôt pour prosélytes tous ceux qui composoient sa nombreuse famille. Il se retira donc avec Kadija dans une caverne du Mont-Hara, aux environs de la Mecque. Il y passa la nuit, & confia, le lendemain, à son épouse le secrêt de sa mission, en lui jurant par la sublimité de sa mission même, que l'Ange Gabriel lui étoit apparu, & l'avoit assuré qu'il étoit l'Apôtre de Dieu. Il s'est montré à moi, lui dit-il, sous sa forme naturelle ; elle étoit si brillante, que je suis tombé en foiblesse ; ce qui l'a obligé de prendre une forme humaine : alors il s'est approché de moi ; nous nous sommes avancés jusqu'au milieu de la montagne, où j'ai distinctement entendu une voix venant du ciel, & qui disoit : *ô Mahomet ! tu es l'Apôtre de Dieu, & moi je suis Gabriel.*

Les Mahométans croyent que ce fut pendant cette nuit même que l'Alcoran defcendit du ciel pour la première fois tout entier, & qu'il y remonta; car depuis, fuivant eux, il n'en defcendit plus que par parties, durant l'efpace de vingt-trois années.

Khadija étoit vieille, elle idolatroit fon époux, & elle jura par celui qui captivoit fon ame, qu'elle étoit convaincue qu'il feroit le Prophête de la nation Arabe. Tranfportée de joie, & toute glorieufe d'être la femme d'un Apôtre, Khadija courut faire part de ce qu'elle venoit d'apprendre, à fon coufin Waraka, mauvais Chrétien, qui, quoique inftruit, deshonoroit fes connoiffances par l'excès de fa fuperftition & les vices de fes mœurs. Waraka crut, & dit à fa coufine, qu'il ne doutoit pas un inftant que Mahomet ne fut le grand Prophête, prédit autrefois par Moyfe, illuftre *fils d'Amram*.

Encouragé par ce premier fuccès, Mahomet s'attacha à fe faire des profélites par la voie de la perfuafion; il reuffit beaucoup dans fa famille, & quand il crut pouvoir s'expliquer plus ouvertement, il fit préparer un feftin, auquel il invita les enfans & les defcendans d'Abd'hal-Motalleb, fon grand-pere: ils ne vinrent pas tous; environ quarante feulement s'y rendirent, J'ai quelque chofe de plus précieux qu'un repas à vous offrir, leur dit Mahomet, c'eft le bonheur dans ce monde, & la félicité dans l'autre. C'eft par un ordre exprès de Dieu que je dois vous conduire, vous & tous les hommes dans le ciel : quel est celui d'entre vous, qui se sent la noble ambition, le zèle & le courage d'être mon *Wazzir*, ou mon Aide, mon frère & mon *Kalife*, ou mon Lieutenant ? Ils restoient tous dans le silence ; Ali seul repondit : Ali le plus jeune de tous, prosélyte fanatique de Mahomet, qui depuis plusieurs jours l'instruisoit en secret : *c'est moi*, s'écria-t'il, *ô Prophête de Dieu, qui veux être ton Wazzir ; je casserai les dents, j'arracherai les yeux, je fendrai le ventre, & je romprai les jambes à tous ceux qui te resisteront.* Ali étoit impétueux, bouillant de fanatisme, jeune & très-vigoureux : pas un des convives n'eut garde de s'opposer à Mahomet. Ce doux Ali est regardé par les Persans comme au-dessus du grand Prophête ; ils ont même une si grande véneration pour lui, que plusieurs l'adorent comme un Dieu, ou du moins comme un être à-peine inférieur à la divinité.

Soutenu par un tel Lieutenant, Mahomet ne se borna plus à des exhortations secrétes ; il se mit à prêcher publiquement. D'abord il ne se déchaina que contre la corruption des mœurs, l'oubli & le mépris de la religion : on l'écouta paisiblement. Mais quand il reprocha à ses Auditeurs leur idolâtrie, la folie & l'impiété de leur culte, leur endurcissement, & le goût qu'ils avoient pour des superstitions plus sacrilèges encore qu'elles n'étoient absurdes, le peuple s'irrita, les Chefs des tribus s'indignerent, presque tous les habitans de la Mecque, à l'exception d'un petit nombre qui embrassa sa doctrine, se déclarerent ouvertement ses ennemis.

Abu-Taleb, quoique fortement ébranlé par l'éloquence de son neveu, ne laissa pas d'être allarmé du soulèvement général des Koréishites : il conseilla sérieusement à Mahomet de renoncer à ses vûes de réformation, de se contenter des prosélytes qu'il avoit faits dans sa famille. *Je ne m'en contenterai pas,* répondit l'imposteur ; *Dieu est pour moi, je ne crains ni mes concitoyens, ni les Arabes, ni tous les hommes ensemble : quand ils poseroient contre moi, le soleil à ma droite, & la lune à ma gauche, je ne démordrai point de ma sainte entreprise.* Abu-Taleb frappé de cette fermeté, ne douta plus que son neveu ne fut inspiré d'en haut ; il crut à ses révélations, & lui promit de le défendre & de le protéger contre quiconque oseroit le troubler dans le cours de sa mission.

Dès-lors le nouveau Prophète ne se contraignit plus ; il bravoit le murmure, insultoit à ses envieux, méprisoit les clameurs de ses ennemis, rassembloit presque chaque jour le peuple de la Mecque, confirmoit sa vocation par les récits des visions qu'il prétendoit avoir toutes les nuits, & par le compte te qu'il rendoit de ses conversations avec l'Ange Gabriel. La chaleur de ses discours, le zèle qui paroissoit l'embraser, l'activité du fanatisme dont la contagion est si rapide, ce penchant si naturel que tous les hommes ont pour la nouveauté, ses bienfaits, ses vertus entraînèrent plusieurs; & Mahomet comptoit déjà environ cent disciples, lorsque les Koréishites & les principaux habitans de la Mecque imaginèrent d'opposer la force, les défenses & la sévérité des chatimens à la propagation de la nouvelle secte. Ce fut alors que Mahomet ne douta plus du succès de ses entreprises; il se flatta, dès cet instant, de régner dans peu sur l'Arabie, & de faire servir les Arabes soumis à la conquête de la Perse, de l'Empire Romain & de tout l'Orient. Peut-être il n'eut séduit que quelques femmes par ses superstitions, des enfans par ses fables, & quelque têtes foibles par les récits de ses visions, si la rigueur des proscriptions ne fut venue au secours de sa religion naissante. Furieux, en effet, & plus jaloux peut-être que scandalisés des succés de Mahomet, les Koréishites proscrivirent tous ceux qui embrasseroient l'Islamisme: ils persécutèrent violemment ses partisans, & le poursuivirent lui-même avec tant d'acharnement, qu'il prit la fuite, accompagné de quatre-vingt-trois hommes & de dix huit femmes, sans compter les enfans. Cette troupe fugitive alla chercher un azile dans les Etats de Najaski, Roi d'Ethiopie, qui la reçut avec bonté, réfusa de la livrer aux Koréishites, dont il rejetta les présens, & dont il osa mépriser les menaces.

L'accueil que Najaski avoit fait à Mahomet, pénétra les Koréishites de la plus vive indignation : ils s'engagerent par un décret authentique, & qui fut solemnellement déposé dans la Caaba, à ne jamais contracter d'alliance avec les prosélytes du fils d'Abd'allah, & à n'avoir aucun commerce avec eux, ni avec le fondateur de la nouvelle religion.

La rigueur de ce décrèt inquiéta peu Mahomet, qui dans le décret même trouva quelque tems après, un moyen infaillible de confondre ses ennemis, & de grossir la foule de Musulmans, qui devenoit chaque jour plus considérable. Il avoit des intelligences secrétes à la Mecque, où ses parens avoient formé, en faveur de l'Islamisme, une puissante faction : enfin il s'étoit assuré, avant que de prendre la fuite, de la fidélité & du dévouement de tous ceux que le service des idoles attachoit à la Caaba. Avec de telles précautions qu'avoit à craindre Mahomet de la part des Koreishites ? Leur décret ne servit qu'à ajouter un triomphe de plus à la gloire de celui dont ils avoient juré la perte, & ce triomphe ne couta qu'-

une imposture à Mahomet ; imposture grossière à la vérité, s'il eut eu à tromper toute autre nation que celle des Arabes : mais une fourberie auroit été conduite bien mal-adroitement, si elle n'en eut pas imposé à ce peuple.

Exactement informé de ce qui se passoit à la Mecque, de la haine mutuelle des deux factions opposées, de la ferme résolution des chefs des Koreishites à ne jamais se départir de la sévérité du décret, Mahomet fit passer ses ordres aux gardiens de la Caaba ; & quand il sçut que ses intentions étoient remplies, il envoya prier son oncle Abu-Taleb d'assembler avec les Koreishites tous les habitans de la Mecque, & de leur dire de la part du Prophête de la nouvelle réligion, que Dieu venoit de donner une preuve évidente de son mécontentement au sujet du décret, en envoyant un ver qui avoit rongé tout l'acte, à la reserve du nom de Dieu.

Abu-Taleb avoit une très-grande idée de la sainteté de son neveu ; mais il craignit que cet avis ne partit d'un excès de confiance, & il ne parla qu'en tremblant aux Koreishites du ver destructeur du décret. Si le fait est faux, ajouta-t'il, ô Koreishites ! je m'engage à vous livrer mon neveu ; mais si cet acte est réellement rongé, promettés à votre tour d'ouvrir les yeux à la lumière, de renoncer déformais à toute animosité, & d'annuller votre décret. Assurés de l'intégrité de l'acte, & convaincus de la fidélité de ceux auxquels on l'avoit confié, les Koréishites ne balancèrent point à accepter les conditions qui leur étoient proposées. Ils allèrent en foule à la Caaba, ouvrirent la cassette où étoit le décret, & furent saisis de terreur à la vue de cet acte, qui n'étoit plus qu'un monceau de poussière, & dont il n'existoit en entier que ces mots : *en ton nom, ô Dieu !* Ce grand miracle, dont il est fort aisé de découvrir le méchanisme, produisit les plus grands effets : le décret fut annullé, la mission de Mahomet fut reconnue par un nombre infini de spectateurs, qui dès-lors restèrent pour jamais attachés à l'Islamisme.

Il étoit tems que Mahomet fit quelque heureux prodige qui fortifiât la foi de ses disciples, & qui lui en attirât de nouveaux : car il fit, quelque tems après, deux pertes irréparables, & qui eussent porté la plus cruelle atteinte à sa doctrine, encore mal établie. Abu-Taleb mourut, & jusqu'alors Abu-Taleb avoit été l'appui le plus puissant de l'Islamisme. Mahomet eut encore la douleur de voir périr Kadija qui avoit si généreusement fait sa fortune, & qui mourut âgée de soixante-cinq ans. Kadija pénétrée de l'apostolat de son époux, faisoit beaucoup de prosélytes, surtout parmi les femmes, auxquelles elle rendoit compte des visions de son mari, & de ses entretiens avec l'Ange Gabriel. Kadija étoit fort respectée à la Mecque; & dans tout autre tems sa mort eut peut-être arrêté la propagation de l'Islamïsme. Mais alors Mahomet étayé d'un miracle, n'avoit plus qu'à laisser agir le zéle de ses disciples, irrités par le ressentiment & les persécutions de quelques Koréishites, qui, soit qu'ils eussent démêlé l'imposture, soit qu'ils fussent intéressés à défendre l'idolâtrie, s'opposerent aux innovations, effrayèrent par les proscriptions les partisans du nouveau culte, & formèrent de violentes factions contre celui qui vouloit l'introduire.

Mahomet n'avoit employé jusqu'alors d'autres armes contre ses ennemis, que celles de l'éloquence & de la persuasion ; le succès du prodige opéré sur le décrét des Koréishites, l'engagea à tenter un miracle nouveau, ou pour parler plus juste, une imposture encore plus grossière que la première. Il choisit parmi ses disciples ceux qui lui parurent les plus propres à croire aveuglement tout ce qu'il leur diroit, même à se persuader d'avoir visiblement distingué ce qu'il leur ordonneroit de voir. Quelques momens avant une éclipse de lune, il leur montra cette planète, & leur dit, qu'en vertu du don des miracles qu'il avoit reçu de Dieu, il alloit partager la lune : & en effet, au moment de l'immersion, Mahomet fit un signe de la main, & bientôt une partie de la lune disparut, & l'autre resta. Les Disciples témoins de ce grand prodige, se prosternèrent aux pieds de Mahomet, & allerent publier que le grand Prophète avoit partagé la lune, & que même ils avoient distinctement vû le mont Hara entre les deux fractions. Les Arabes qui s'étoient apperçus de l'éclipse, & qui étoient trop ignorans pour en connoitre la cause, ne manquerent pas de l'attribuer à Mahomet, qui le lendemain prétendit avoir reçu du ciel le chapitre de l'Alcoran, intitulé, LA LUNE, & qui commence par ces mots. « *L'heure approcha, & la lune fut fendue. S'ils voyent quelque signe, ils se retirent, & disent c'est un prestige. Ils prétendent que c'est une imposture. Ils suivent leurs passions ; mais toute chose est immuablement établie, &c.*

Ce grand événement n'empêcha pourtant pas les Koréishites de persécuter Mahomet, de le traiter publiquement d'impie & d'imposteur. Sa douceur & sa patience ne lui avoient point réussi ; il prit une route opposée : mais le parti de ses ennemis fut plus fort que celui de ses partisans ; il fut contraint, pour la seconde fois, de s'enfuir, & de se retirer à Tayef, ville distante de la Mecque de 60 milles à l'Orient. Il fut d'abord reçu très-froidement, & même avec quelque mépris, par les habitans de Tayef; mais ses exhortations, l'attrait de sa doctrine & ses déclamations contre l'idolâtrie, lui ramenerent quelques-uns de ceux qui avoient paru le plus opposés à ses dogmes. La populace eut moins de complaisance; elle se souleva contre lui, & l'obligea de reprendre au plus vîte le chemin de la Mecque. Il eut plus de succès à Yathreb, où il fit adopter sa religion aux deux tribus qui habitoient dans cette ville; ensorte que l'imposteur se vit suivi d'une innombrable foule de prosélites, prêts à le soutenir, pour si peu qu'on les eut échauffés, contre quiconque eut osé l'attaquer.

Instruit par l'expérience, & peut-être excité par son inclination naturelle à la perfidie & à la cruauté, Mahomet crut qu'il ne lui seroit pas possible de remplir les projets de son ambition, tant qu'il n'opposeroit à ses persécuteurs que la constance & la modération. Sa doctrine étoit assez accréditée pour faire de rapides progrès, si désormais elle étoit annoncée par la force des armes, au défaut de la vérité. Mais l'Apôtre étoit perdu, son édifice élevé avec tant de peine, & très-imparfait encore, ne pouvoit manquer de s'écrouler, s'il n'étoit soutenu que par le foible appui de l'imposture, à la faveur de quelques tables & de ses visions. Ces moyens n'avoient encore fait impression que sur quelques hommes foibles, qui même à chaque instant étoient préts à l'abandonner au plus léger revers. Il étoit donc essentiel de changer en armée invincible cette foule timide & ignorante de prosélytes. Mais avant que d'en faire des Guerriers, il falloit les convaincre de l'intérêt que le ciel même prenoit à celui qui les conduisoit ; il falloit leur persuader que, chargés de la cause sacrée de la religion, ils marcheroient sous les drapeaux de l'Envoyé de Dieu ; il falloit éteindre dans leur cœur tout sentiment d'humanité, de paix & de vertu ; il falloit les animer de l'esprit de haine, de rage & de férocité. Ce n'étoit plus le tems de rendre compte des visites de l'Ange Gabriël ; ces récits trop usés auroient cessé de paroitre merveilleux. Ce n'étoit plus le tems de prouver la folie des anciennes superstitions, l'absurdité du culte des idoles, l'impuissance & la grossièreté des Dieux reçus en Arabie, la superiorité de la nouvelle religion sur les erreurs du paganisme : ces discours trop fréquemment répétés n'auroient plus eu ni l'attrait ni la force de la nouveauté. Il falloit pour échauffer les cœurs, accabler les esprits sous le poids de quelque événement miraculeux, inattendu, surprénant, extraordinaire, & qui donnât du Prophète la plus sublime idée. Si cet incroyable récit étoit reçu; s'il pouvoit être accrédité au point de devenir un des principaux articles de la foi Musulmane, tout obstacle étoit franchi, toute difficulté surmontée, & il ne restoit désormais qu'un pas à faire, qu'un crime de plus à commettre pour voler à la conquête & à l'empire de l'Orient. Voilà, sans-doute, comment Mahomet raisonna ; & voici par quel moyen, en subjugant ses prosélytes, il terrassa ses ennemis.

CHAPITRE XXX.

Vision de Mahomet. Progrès de l'Islamisme. *

Elle est assurément fort ridicule, fort absurde cette vision de Mahomet; mais c'est par cela même qu'elle fit la plus grande impression sur les Arabes, qui ne pouvoient pas croire qu'un homme eut été capable de créer un si long tissu de fables, de mensonges & d'images disparates, s'il n'eut pas réellement assisté au spectacle dont il leur rendoit compte. Aujourd'hui les Mahométans ont deux fortes raisons pour vouer à l'exécration éternelle quiconque ne croit pas à cette vision. La première, parcequ'ils tiennent ce conte de leurs pères, qui l'avoient appris de leurs Ancêtres, instruits par leurs prédécesseurs, qui le leur avoient dit, autorisés par les assertions de ceux qui avoient reçu cette fable immédiatement de la bouche du Prophète. Or, un récit transmis de

---

* L'Archevêque Marsh, Primat d'Irlande, fut le premier qui porta en Europe une copie manuscrite de cette vision d'après *l'Histoire de l'Ascension*, par Abu-Horeira; copie exacte & très-différente de la même vision, publiée en François, par M. Gagne, qui vraisemblablement n'avoit pas consulté le texte original, ni cette copie, donnée par l'Archevêque Marsh a la bibliothèque Bodleiene d'Oxford.

race en race, & d'ailleurs consigné dans un livre dont, malgré leur extrême inèptie, tous les articles sont regardés comme écrits de la main de Dieu-même; un tel récit a, dis-je, beaucoup plus de force encore que la vérité la plus évidente, mais qui ne seroit point étayée du double titre de l'écriture céleste & de la tradition des hommes.

La seconde raison de crédibilité pour les Musulmans, & qui ne me paroit ni la moins forte, ni la moins déterminante, c'est que, malgré le délire qui régne dans cette vision, elle ne laisse pas d'être fort amusante, d'égayer l'imagination, & d'être on ne peut pas plus analogue au génie des têtes orientales, par le merveilleux outré dont elle est remplie; & l'empire du merveilleux qui s'étend sur toute la terre, a, comme on sçait, des droits plus forts sur les peuples orientaux que sur le reste des nations. Voici en abrégé quel fut le récit de Mahomet à ses imbéciles disciples.

« Il étoit nuit, j'étois couché à l'air entre les deux collines d'Alsafar & de Merwa, quand j'ai vû venir vers moi Gabriel accompagné d'un esprit céleste. Les deux immortels se sont inclinés sur mon corps; l'un d'eux m'a fendu la poitrine; l'autre en a tiré mon cœur, l'a comprimé entre ses mains, en a fait sortir la goute noire, ou le péché originel, & l'a remis à sa place. Cette opération ne m'a point causé de douleur. Ensuite Gabriel déployant ses cent quarante paires d'aîles, brillantes comme le soleil, m'a amèné la jument Al-Borak, plus blanche que le lait, à face humaine, &, comme tout le monde sçait, à machoire de cheval. Ses yeux étincelloient comme des étoiles, & les rayons qui en partoient, étoient plus chauds & plus perçans que ceux de l'astre du jour dans sa plus grande force. Elle a étendu ses deux grandes aîles d'aigle ; je me suis approché : elle s'est mise à ruer : Gabriel lui a dit : *tiens toi tranquille, ô Borak, & obéis à Mahomet :* Borak à répondu : *le Prophéte Mahomet ne montera pas sur moi, que tu n'ayes obtenu de lui qu'il me fera entrer en paradis au jour de la résurrection.* j'ai dit : *Borak, sois en repos, tu viendras avec moi dans le paradis.* Alors Borak a été fort paisible ; je me suis élancé sur son dos, elle s'est envolée plus vîte que l'éclair, & dans l'instant je me suis vû à la porte sacrée du temple de Jérusalem, où j'ai trouvé Moïse, Abraham & Jésus. Une échelle de lumière est descendue tout-à-coup devant nous. J'ai laissé là Borak, &, à l'aide de cette échelle, nous nous sommes élevés Gabriel & moi jusqu'au premier ciel. L'Ange a frappé à la porte, a prononcé mon nom, & la porte, plus grande que la terre, a tourné sur ses gonds. Ce ciel est d'argent pur ; c'est là qu'à une belle voute sont suspendues les étoiles par de fortes chaînes d'or. Dans chacune de ces étoiles est un Ange en sentinelle, pour empêcher le diable d'escalader les cieux.

Un Vieillard décrépit est venu m'embrasser, en me nommant le plus grand de ses fils : c'étoit Adam : je n'ai pas eu le tems de lui repondre ; mon attention s'est fixée sur une multitude d'Anges de toutes formes & de toutes couleurs; les uns ressemblent à des chevaux, les autres à des loups, &c. Au milieu de ces Anges s'élève un coq d'une blancheur plus éclatante que la neige, & d'une si surprénante grandeur, que sa tête touche au second ciel, éloigné du premier d'une telle distance, qu'il faudroit au plus rapide Voyageur cinq cens ans pour la parcourir. Tout cela m'étonnoit beaucoup ; mais l'Ange Gabriel m'a dit que ces Anges sous la forme d'animaux, intercédent auprès de Dieu pour toutes les créatures de la même forme, qui vivent sur la terre ; que ce grand coq est l'Ange des coqs, & que sa fonction principale est d'égayer, tous les matins, Dieu par ses chants & par ses hymnes.

Nous avons quitté le coq, Adam, les Anges animaux, & regagnant l'échelle de lumière, nous nous sommes rendus au second ciel, éloigné du premier de cinq cens années de chemin. Ce ciel est d'une espéce de fer dur & poli ; là, j'ai trouvé Noë, qui m'a reçu dans ses bras, Jean & Jésus qui m'ont appelé le plus grand & le plus excellent des hommes. Nous ne nous sommes point arrêtés, & d'échellon en échellon nous sommes arrivés au troisième ciel, plus éloigné du second que celui-ci ne l'est du premier.

Il faut être aumoins Prophète pour supporter l'éclat éblouissant de ce ciel, tout formé de pierres précieuses. Parmi les êtres immortels qui l'habitent, j'ai distingué un Ange d'une taille au-dessus de toute comparaison : il avoit sous ses ordres 100000 Anges, chacun plus fort lui seul que 100000 bataillons d'hommes prêts à combattre. Ce grand Ange s'appelle le *Fidelle de Dieu* ; sa taille est si prodigieuse, que l'espace qui sépare ses deux yeux est au moins aussi étendu que 70000 journées de chemin. Devant cet Ange est un énorme bureau, sur lequel il ne cesse d'écrire & d'effacer. Gabriel m'a dit que le *Fidelle de Dieu* étant en même tems *l'Ange de la mort*, il est continuellement occupé à écrire les noms de tous ceux qui doivent naître ; à calculer les jours des vivans, & à les effacer du livre à mesure qu'il découvre qu'ils ont atteint le terme fixé par son calcul.

Le tems pressoit ; Gabriel m'en a averti : nous avons pris la route de l'échelle, & nous sommes montés avec une inconceva-

& les Superstitions. 159

ble rapidité au quatrième ciel. Là j'ai trouvé Enoch, qui m'a paru tout transporté de joie de m'y voir. Ce ciel d'un argent fin & plus transparent que le verre, est le séjour d'une innombrable foule de créatures angéliques ; l'une d'elles moins grande que l'Ange de la mort, touche pourtant de sa tête au ciel supérieur ; c'est-à-dire, que debout, elle a d'élévation cinq cens journées de chemin. L'emploi de cet Ange est triste & fatiguant ; il est uniquement occupé à pleurer sur les péchés des hommes, & à prédire les malheurs qu'ils attireront sur eux. Ces lamentations accabloient trop mon cœur pour les écouter plus longtems. Nous nous sommes rendus promptement à la porte du cinquième ciel ; elle s'est ouverte ; Aaron est venu à nous, & il m'a présenté à Moïse, qui s'est recommandé à mes prières. Ce ciel est tout d'or pur ; les Anges qui l'habitent ne sont pas aussi joyeux que ceux des autres cieux ; ils ont raison : car c'est là même que sont déposés les trésors des vengeances divines, le feu dévorant & éternel de la colère céleste, les supplices des pécheurs endurcis, & surtout les tourmens destinés aux Arabes qui refuseront d'embrasser l'Islamisme. Ce spectacle affligeant m'a fait hâter ma course, &, toujours escorté par mon guide angélique, je suis monté au sixième ciel. La, j'ai encore rencontré Moïfe qui, en m'apperçevant, s'eft mis à pleurer ; parceque, difoit-il, je conduirois en paradis plus d'Arabes qu'il n'y entreroit de Juifs. J'ai confolé, autant qu'il a été en moi, le pere des Ifraëlites, &, à mon grand étonnement, je fuis arrivé, d'un vol plus prompt que la penfée, au feptième & dernier ciel : ce devoit être là le but de mon voyage.

Je ne puis, fidelles Croyans, vous donner une idée de l'ineffable richeffe de la matière dont ce ciel eft formé ; qu'il vous fuffife de fçavoir qu'il eft fait de *lumiére divine*. La première des créatures qui m'a frappé, furpaffe la terre en étendue ; elle a 70000 têtes, chaque tête a 70000 faces ; chaque face a 70000 bouches, chaque bouche 70000 langues qui parlent continuellement, & toutes à la fois, 70000 langages différens, dont cette vafte créature fe fert pour célébrer, fans interruption, les louanges de Dieu. Je confidérois en filence cette énorme & célefte figure, lorfque je me fuis fenti enlever rapidement : j'ai traverfé un efpace incommenfurable, & je me fuis trouvé affis auprès du *Sédra* immortel. Ce bel arbre placé à la droite du trône invifible de Dieu, fert de barrière aux Anges mêmes. Sous fes branches, plus étendues que le difque du foleil n'eft éloigné du globe de la terre, eft une multitude d'Anges prodigieufe, & qui
furpaffe

surpasse étonnament en nombre la quantité de grains de sable de toutes les mers, de tous les fleuves, de toutes les rivières. Cette foule infinie pour des yeux mortels, est prosternée sous le feuillage du Sédra qui la couvre de son ombre; sur ses rameaux sont perchés des oiseaux occupés à considérer les passages sublimes du divin Alcoran. Les fruits de ce bel arbre ressemblent aux aiguières de Hajir, & ses feuilles à des oreilles d'éléphant: ses fruits sont plus doux que le lait; un seul suffit pour nourrir toutes les créatures de Dieu, depuis la création des tems jusqu'à la destruction des choses. Du pied de ce merveilleux Sédra sortent quatre grands fleuves; deux se répandent en torrent dans les plaines du paradis, les deux autres descendent sur la terre, & forment le Nil & l'Euphrate, dont personne, avant moi, n'avoit connu les sources. Ici Gabriel m'a quitté, parcequ'il ne lui est pas permis de passer jusqu'aux lieux où je devois pénétrer. Israfil a pris sa place, & m'a conduit à la maison divine d'Al-Mamur, ou du *Visité*: ce nom lui est donné, parcequ'elle est chaque jour visitée par 70000 Anges du premier ordre. Cette maison ressemble, dans toutes ses parties, exactement au temple de la Mecque; & si elle tomboit perpendiculairement du septième ciel, où elle est, sur la terre, ce seroit nécessairement sur le tem-

Tome II. L.

ple de la Mecque qu'elle s'écrouleroit. A-peine ai-je mis les pieds dans Al-Mamur, qu'un Ange est venu m'apporter trois coupes ; la première étoit pleine de vin, la seconde, de lait, la dernière, de miel. J'ai choisi celle où étoit le lait, & j'ai bu; aussitôt une voix aussi forte que dix tonnerres, a fait rétentir ces paroles : *ô Mahomet, tu as bien fait ; car si tu eusses choisi le vin, ta nation se seroit pervertie, & elle échoueroit dans toutes ses entreprises.*

Quel spectacle, ô Croyans, quel spectacle nouveau est venu éblouir mes yeux! Toujours précédé d'Israfil, j'ai traversé, plus promptement que la pensée, deux mers de lumière, & une route noire, d'une immense étendue, je me suis comme senti attiré auprès du trône & de la présence immédiate de Dieu. La terreur s'est emparée de moi : une voix plus bruyante que celle des flots agités, m'a dit : *avance, ô Mahomet, avance; approche toi du trône glorieux.* J'ai obéi. Sur le côté du trône j'ai lû le nom de Dieu & le mien écrits ainsi; *La Allah Illah Allah, wa Mohamed, Rasoul Allah*, c'est-à-dire, *il n'y a point d'autre Dieu que Dieu, & Mahomet est son Prophéte.* Au même instant où je lisois cette inscription sacrée, Dieu a étendu ses bras, & a mis sa droite sur ma poitrine, & sa gauche sur mon épaule. Un froid aigü s'est fait sentir par tout mon corps, & m'a glacé jusques dans la moële des os : mais dans le même tems une douceur inexprimable & inconnue aux fils des hommes, s'est répandue dans mon ame, qui s'en est enivrée. A ces transports a succédé une conversation fort familière & très longue entre Dieu & moi, dans laquelle, après m'avoir dicté les préceptes que vous trouverez écrits dans l'Alcoran, Dieu m'a expressément ordonné de vous exhorter à soutenir, à défendre par les armes, la force & le sang, la sainte religion que j'ai fondée, & que vous avez eu le bonheur de connoitre. Dieu a cessé de me parler, & j'ai songé à redescendre sur la terre pour sanctifier mes disciples. J'ai trouvé l'Ange Gabriel qui m'attendoit au même endroit ou je l'avois laissé. Nous sommes revenus par les sept cieux, mais arrêtés à chaque pas par les concerts & les salutations des esprits célestes qui chantoient mes louanges. Parvenus à Jérusalem, l'échelle de lumière s'est réployée dans la voute des cieux. Al-Borak m'attendoit ; je suis monté dessus : il étoit nuit encore & les ténébres fort épaisses : Al-Borak m'a fait voir du haut des airs l'Arménie & Adherhijan, & de son second vol elle m'a rapporté jusqu'ici. En mettant pied à terre, je me suis tourné vers Gabriel : je crains bien, lui ai-je dit, que mon peuple ne me regarde comme un imposteur, & qu'il ne refuse de croire le récit que

L 2

je lui ferai de mon voyage dans les cieux. Rassure-toi, m'a aussitôt repondu l'Ange-Gabriel ; ton peuple doit ajouter foi à tout ce qui sortira de ta bouche : en tout cas, Abubecre, ton témoin fidelle, & Ali, ton Wazir, le fier & saint Ali soutiendront l'un & l'autre, & justifieront toutes les circonstances de ce grand événement ».

Si tout autre que Mahomet eut osé hasarder cette fable insensée ; si quelqu'autre que lui eut entrepris d'accréditer ce monstrueux délire, il est très-vraisemblable que les Arabes, quelques grossiers qu'on les suppose, n'eussent vû dans l'Auteur d'une telle vision, que l'extravagance d'un fou qu'il falloit enfermer, & tacher de guérir, ou l'audace d'un fourbe qui vouloit se jouer de la crédulité publique, & dont les fourberies méritoient d'être réprimées. Mais la facilité que cette nation avoit montrée jusqu'alors à croire tout ce qu'il avoit plu à Mahomet d'inventer & de raconter, étoit pour lui un garant assuré du succès de cette imposture.

L'ignorance des Arabes & les fausses idées qu'ils s'étoient formées de la divinité pendant tant de siécles, avant la mission de leur nouveau Prophéte, avoient fait recevoir, presque sans aucun obstacle, les premières superstitions que Mahomet avoit substituées aux anciennes erreurs. Un peuple accoutumé à voir, à adorer l'être suprême dans une pierre informe, à donner à un cheval, à un lion, &c., le nom sacré de Dieu, à invoquer les corps célestes & leurs représentations comme autant de divinités, avoit eu peu de répugnance à adopter une religion fausse à la vérité, mais moins grossière, & plus propre à séduire des êtres raisonnables. Ce même peuple une fois bien persuadé que l'Apôtre d'une doctrine si différente de l'ancien culte, étoit le protégé, le confident, l'ami de l'Ange Gabriel, le lieutenant sur la terre, le prophète & l'envoyé de Dieu; il étoit, disje, naturel qu'un tel peuple se trouvât très-disposé à croire au voyage extraordinaire de son légiflateur dans les sept cieux, à sa conversation avec l'être suprême, à la réalité de tous les faits qu'il avoit racontés. Qui a cru dès son enfance que le soleil & les astres viennent animer des images, & s'y renfermer tout entiers, peut croire à plus forte raison, qu'un homme à qui tout semble obéir dans la nature; qui a eu la puissance d'envoyer un insecte ronger un décret injuste, & qui ensuite d'un signe de sa main a partagé la lune; une telle nation peut bien croire aussi que cet homme guidé par un Ange, a volé de ciel en ciel jusqu'aux trône de Dieu. Ainsi, après avoir détruit, à la faveur de quelques superstitions, un culte tout superstitieux, après avoir fondé sur des erreurs accréditées un vaste Empire, une folle doctrine, une sage législation, il ne restoit à Mahomet qu'un ressort à mouvoir, pour donner au despotisme & à la religion, qu'il s'étoit proposé d'établir, une force, une grandeur, une stabilité désormais inébranlables.

CHAPITRE XXXI.

Quel étoit le moyen le plus sûr que Mahomet put mettre en usage pour achever d'asservir les Arabes ?

LE fanatisme. Non que l'ame éclairée de Mahomet fut susceptible des excès d'un zèle trop outré, d'une conviction aveugle, des passions impétueuses qu'inspire aux têtes exaltées le zèle mal conçu de la religion : non que son cœur ambitieux s'abbandonnât aux desirs violens, aux transports effrénés, aux sentimens irrésistibles qu'excitent dans les hommes vulgaires des maximes mal entendues de culte & de dévotion : non que son imagination fut empreinte peut-être des principes atroces qu'il enseignoit à ses sectateurs ; mais parcequ'il lui importoit de donner à ses prosélites une valeur que la nature leur avoit refusée ; parcequ'il lui importoit de les rendre cruels, sanguinaires, féroces ; d'éteindre en eux tout sentiment d'humanité ; de les rendre inaccessibles à la pitié comme à la crainte, avides de carnage, altérés de sang & de crimes, insatiables de conquêtes, de meurtres & d'assassinats. Eh quel autre ressort plus puissant que le fanatisme pour opérer cet affreux changement ? Quel ferment plus actif pour mettre en action des principes cruels, des préceptes sanguinaires, de noires superstitions ? Ce n'étoit plus que par le fanatisme, l'enthousiasme & la fureur que Mahomet pouvoit inspirer à ses disciples d'aller, l'Alcoran d'une main & le poignard de l'autre, pleins du Dieu destructeur qu'il leur avoit représenté, sacrifier, assassiner leurs proches, massacrer leurs concitoyens, répandre la frayeur & l'illusion dans l'Orient. Ces cruels prosélites n'étoient-ils point assez préparés depuis 15 ans à la barbarie des ordres qu'on auroit à leur dicter ; ne les avoit-on pas enflammés de desirs homicides ? Il étoit tems de donner de l'activité à l'ardeur qui les animoit tous, de faire briller à leurs yeux la première étincelle de l'incendie, qui bientôt excité par le souffle brûlant de cette troupe d'enthousiastes, embraseroit la moitié de la terre ; il étoit tems de hâter par la terreur, la soumission des peuples & la chûte des Rois.

La plus importante partie de la mission de Mahomet fut remplie, dès qu'il put rassembler autour de lui quelques énergumènes : ils suffirent pour grossir à chaque instant la foule de ses disciples, qui aveuglés à leur tour par les prestiges de la séduction, étourdis par les clameurs, égarés par le délire des défenseurs de l'Islamisme, répandirent, agités comme eux de passions noires & turbulentes, le vertige & l'épidémie des nouvelles erreurs.

 L'adresse & l'hypocrisie étoient donc desormais inutiles à l'audacieux Mahomet: il pouvoit exécuter sans crainte ses farouches projets, & se livrer sans retenue à la perversité de ses penchans, à la corruption de ses mœurs, à la fougue des vices qui entrainoient son ame. Le barbare pouvoit se baigner impunèment dans le sang de ses ennemis: apôtre, législateur, monarque, & sacrificateur, il pouvoit, au gré de sa fureur & de son inhumanité, passer de crime en crime jusqu'aux forfaits les plus atroces; se délivrer par des meurtres secrets, ou égorger publiquement quiconque oseroit condamner ses vices, dévoiler ses fourberies, ou divulguer l'excès de ses débordemens. Quel de ses prosélytes eut été assez téméraire pour douter un moment de la sainteté d'un Prophête, qui, maitre impérieux des élémens comme des hommes, signaloit sa puissance par des prodiges éclatans; qui par le ministère d'une intelligence céleste recevoit chaque jour des parties détachées de la nouvelle doctrine, des préceptes écrits de la main de Dieu lui-même, empressé tour à tour à ordonner, à approuver les actions les plus bisarres, les discours les plus impies, les attentats les plus cruels de son hardi Prophête ? Dans cette foule d'enthousiastes, quel homme eut eu l'audace de se refuser aux mouvemens tumultueux qui agitoient tous les esprits, à ces transports qui s'accroissant par le trouble de chaque particulier, augmentoient l'effervescence du délire général ? Quel d'entr'eux eut pu méconnoître le caractère d'Envoyé de Dieu dans celui qui régnoit avec tant de puissance sur les cœurs & les ames ; dont la voix calmoit ou excitoit, à son gré, les passions les plus impétueuses ; qui élevoit ses auditeurs au-dessus de l'humanité ; qui peignoit la gloire, les attributs, les vertus de l'être unique & suprême avec tant de majesté ? N'étoit-ce pas à Mahomet que les Arabes devoient la connoissance d'un Dieu jaloux, terrible, implacable dans sa colère, & toujours altéré du sang des incrédules, dont il donnoit par avance les trésors & les possessions aux disciples de l'Alcoran ? Tout autre qu'un Apôtre eut-il pu persuader à des hommes qui n'avoient point sucé le lait des tigres ni des ours, que c'étoit appaiser le ciel, & s'assurer une éternité de plaisirs & de volupté dans tous les genres, que de massacrer quiconque ne s'empresseroit pas d'embrasser l'Islamisme ?

C'étoit donc obéir au ciel même, que d'aller, dociles à la voix de Mahomet, exterminer les peuples mécréans, ravager leurs contrées, usurper le sceptre de leurs Rois, & les précipiter dans la nuit du tombeau ou dans l'horreur de l'esclavage.

Quelle digue opposer à ce torrent impétueux ? Les peuples de l'Asie & de l'Afrique réunis, s'efforceront envain d'arrêter dans sa course cette troupe forcenée. Les Musulmans poussés par le fanatisme, entêtés du Dieu de Mahomet qu'ils croyent honorer à force de carnage, n'écoutent plus que la voix homicide du chef qui les conduit ; la résistance ne fera qu'augmenter les flots de sang qu'ils auront fait couler : elle accroîtra la violence de leurs sacriléges succès, & hâtera la propagation des nouvelles erreurs. Bientôt l'épidémie étendant sa funeste influence de Mèdine & de la Mecque qu'elle aura dévastées, passera de ville en ville jusqu'aux extremités de l'Inde ; & son venin actif accablera la liberté, portera le ravage dans tous les lieux où il pénêtrera. Encore quelques jours, & l'on verra les sectateurs de cet Ambitieux échauffés, éclairés des flammes du fanatisme, se partager la Grèce qu'ils auront depeuplée. donner de tyranniques loix à l'Asie effrayée, & subjuguer par la force des armes & la terreur des superstitions les peuples Africains.

Heureuses les contrées que des mers orageuses sépareront des enthousiastes armés par Mahomet ! Heureuses les nations que leur éloignement pourra mettre à l'abri de ce fléau destructeur ! & plus heureux les Souverains qui n'auront point à combattre contre les étendarts de l'Islamïsme, ni à rédouter les usurpations de l'Empire du Croissant.

Mais qu'elles mers sont assés vastes, quelle distance assez considérable pour arrêter les pas du fanatisme ? Le fanatisme n'est-il pas cette infernale Athé qui marche sur la tête des hommes ? Le fanatisme n'est-il pas ce monstrueux géant dont les pieds touchent aux enfers, & qui cachant sa tête dans les nues, porte ses avides regards sur la terre, où sans cesse il exhale son soufle empoisonné ? N'est-ce pas lui qui plus prompt que la foudre, & plus dangereux qu'elle, parcourt dans un instant toutes les parties du globe, & répand en même tems de l'un à l'autre pole le fiel qui le dévore ? Du fond de l'Orient, où, à force d'impostures, d'illusions, de crimes, il avoit fondé l'Islamïsme, ne l'a t'on pas vû passer chez les nations Européanes, & sécouer sur elles ses flambeaux homicides, inviter par la voix de quelques enthousiastes, les peuples & leurs souverains à passer dans ces mêmes contrées, où jadis il avoit si longtems exercé sa puissance ?

Aux cris trop effrayans de son zéle perfide, au prestige de ses superstitions, à l'injuste fureur de ses maximes, au zèle saint qui paroissoit l'animer, les Puissances se sont

& les Superstitions.

diguées, les Rois ont quitté leurs trônes, ils ont réuni leurs armes; suivis de nombreux bataillons ils ont abandonné leurs Etats dépeuplés, & croyant obéir au ciel, ils ont été se perdre, eux, leurs couronnes, leurs Sujets, dans de vastes déserts où les avoient conduits les erreurs du fanatisme. Pontifes imprudens, Princes aveugles, oracles mensongers, Hermites sanguinaires, ce fut là votre ouvrage! & vous n'eûtes besoin, pour embraser l'Europe & l'Asie, que de parler au nom d'un Dieu qui vous désavouoit, & pour les intérêts d'une religion & trop pure & trop douce pour ordonner aux hommes de s'entredéchirer. A ces ordres cruels, à ces conseils farouches, à ces exhortations barbares & si visiblement contraires aux loix divines & humaines, on vit les citoyens de tous les rangs, de tous les âges s'arracher des bras de leurs épouses, de leurs peres, de leurs enfans, & pleins d'une trompeuse espérance, aller engraisser de leur sang les champs de la Palestine, & y expirer satisfaits, parcequ'ils croyoient obtenir la palme du martyre; tant est puissant sur les hommes l'empire du fanatisme! Plus cruellement égarés, les disciples de Mahomet croyoient aussi combattre pour la religion, tandis qu'ils ne faisoient qu'obéir aux impulsions que leur donnoit le fourbe qui les sacrifioit.

CHAPITRE XXXII.

Continuation du même sujet.

DE tous les hypocrites, de tous les ufurpateurs qui ont affligé la terre, Mahomet a été celui qui a le mieux connu par quels moyens & jufqu'à quel dégré il eft poffible d'abufer de la crédulité publique, & d'exciter dans une nation ignorante & fuperftitieufe les tranfports forcénés d'un zèle outré, de l'enthoufiafme, d'une dévotion mal dirigée & mal conçue : auffi quel autre avant & après lui, s'eft fervi plus adroitement du mafque de la religion pour féduire, égarer & enchainer les hommes ? Ce ne fut, comme je l'ai dit, qu'après avoir donné aux Arabes les idées les plus fauffes de Dieu, du culte qu'il exige de nous, du zèle que la réligion doit infpirer, des délices du paradis, &c., qu'il irrita leurs paffions par le levain du fanatifme. *Fidèles Mufulmans, Dieu vous ordonne par ma voix de tirer le glaive contre tout incrédule, contre tout infidéle qui refufera d'adopter les vérités que j'annonce ; vous pouvez fans remords vous abreuver du fang des hommes ; n'épargnez que vos fieres, les difciples du Prophéte ; allez, frappez ; Dieu guidera vos coups ; exterminez quiconque ofera réfifter à l'évidence de votre religion, ou à la force de vos armes.*

A ces terribles paroles, on eut dit qu'une furie vomie des enfers, agitoit fes ferpens fur les foldats de Mahomet. Dévorés de la foif des combats, ils ne refpirent plus que la deftruction, le meurtre, le carnage : chacun d'eux auffi cruel auffi féroce que l'implacable Ali, brule d'impatience de fignaler fon zèle par le crime, le viol, le brigandage & les affaffinats. Qui pourra compter les victimes que les Barbares immoleront ? Qui pourra compter les efclaves qui périront dans les fers des Mufulmans ? Quel homme, eut-il autant de langues que l'Ange du feptième ciel, pourroit raconter les erreurs & les fuperftitions que produifit alors cette fermentation; fuperftitions, erreurs que l'ardente imagination des Orientaux a depuis fi fort multipliées.

Il ne nous faut pas moins que l'évidence des preuves, le poids de l'autorité des fectateurs eux-mêmes de l'Iflamifme, pour nous perfuader que l'abfurde vifion dont on vient de lire le récit, a été la trop funefte fource des maux & des ravages qui pendant cinq à fix fiécles ont dévafté l'Orient. Il eft vrai que Mahomet avoit fait précéder l'étrange relation de ce voyage célefte, de bien des fables, de bien des fourberies, d'une étonante quantité de superstitions : mais ce fut cette dernière imposture qui acheva de troubler l'esprit des Arabes : elle fut le signal de la haine des Croyans contre les infidèles. Ce fut elle qui aiguisa les glaives des combats, qui forgea les chaines de la servitude, qui cimenta le trône du despotisme, qui arma avec tant d'inhumanité les citoyens de la même patrie, & les particuliers de la même tribu les uns contre les autres : ce fut elle qui rompant tous les liens de la nature, fit périr le fils par les mains du pere, le pere par le glaive du fils, le frere sous le poignard du frere : ce fut elle qui ranima la rage des tirans, la fureur des bourreaux, l'atrocité des parricides.

A ces traits, à ces horribles traits, qui pourra méconnoitre l'exécrable fanatisme ? Qui pourra le méconnoirre à ces traces souillées du sang des parricides, ou du moins aux accusations non moins affreuses de parricide qu'il dicte aux frénétiques, agités de ses convulsions ? Eh ! quel autre que lui eut pu persuader, de nos jours, à une ville entière, d'accuser un vieillard, le plus vertueux des citoyens, le plus doux, le plus tendre des peres, d'avoir étranglé de sang froid, & je ne sçais sur quel prétexte de zèle & de dévotion, son fils, jeune homme plein de force, & dévoré depuis quelques

ques années, de l'ennui de la vie ? Quel autre que le fanatisme.... Mais, jettons un voile officieux sur cette scène d'horreur. Laissons au spectre de Calas, le soin d'effrayer l'homme injuste, la noire imagination du cruel qui l'assassina. Ô mes amis, ô concitoyens, puissent l'Europe & la terre, puissent les races futures oublier votre erreur !

Ouvrez les annales du monde, lisez, & vous verrez que tels ont toujours été les excès du fanatisme, ses progrès, sa trop cruelle histoire. Combien plus redoutables doivent être les effets de ce farouche enthousiasme, quand un gouvernement tel que celui qui doit son établissement à Mahomet, est fondé sur une religion toute superstitieuse ? Ne faut-il pas que cette religion rende, par principe de zèle, le peuple ennemi irréconciliable du genre humain ? Eh ! comment les prosélites de Mahomet n'eussent-il pas été cruels & sanguinaires ? Outre l'atrocité des dogmes de la nouvelle religion, il leur étoit expressément ordonné de massacrer les incrédules ; & tous ceux qui mouroient les armes à la main, étoient assurés, de la part du ciel même, d'une éternité de bonheur.

D'ailleurs, quel paradis que celui que Mahomet promet à ses sectateurs ! Le plus capable de toucher, d'émouvoir, d'enflammer des ames sensuelles ; une immortelle volupté, des fruits délicieux, des *Houris* toujours neuves & toujours ravissantes; une vigueur inépuisable, des plaisirs sans interruption & sans satiété. Mais cette volupté, ces fruits, ces brillantes Houris, ces plaisirs continus, n'étoient promis qu'à ceux qui par la force & le nombre de leurs exploits auroient signalé leur zèle : le ciel étoit fermé aux lâches & aux cœurs trop compatissans.

Ce fut ainsi que les anciens Scandinaves, fatigués de la simplicité de leur religion, associerent à l'être suprême le sanguinaire Odin, idole mille fois plus féroce que l'antique Moloch. Bientôt ils ne connurent plus d'autre Dieu que le fier Odin. Lui seul méritoit, suivant eux, l'hommage des mortels; parcequ'il étoit sévère, terrible, & toujours occupé à verser le sang des hommes : aussi croyoient-ils l'honnorer par les noms effrayans de *Pere du carnage, Dieu depopulateur, agile, incendiaire, inflexible, bruyant*. Comme ils pensoient que le plaisir le plus doux pour Odin, étoit celui de désigner & de compter lui-même ceux qui devoient périr dans un jour de bataille ; avant que d'engager le combat, ils promettoient solemnellement de sacrifier un certain nombre de victimes humaines à cette sombre divinité ; parceque, disoient-ils, ces hommes immolés sont le droit sacré d'Odin. Quel puissant aiguillon excitoit la valeur de ces anciens Danois ? Quel sentiment sublime élevoit leur courage ? C'étoit le fanatisme ; c'étoit l'idée folle & superstitieuse qu'ils se formoient d'Odin ; c'étoit l'ambition de plaire à ce Dieu destructeur, qui ne prodiguoit ses faveurs qu'à ceux qui périssoient dans le feu des combats. Ils étoient persuadés que les ames des Guerriers tués sur le champ de bataille, étoient reçues avec distinction dans la céleste *Valhalla*, où Odin les combloit des plus brillantes récompenses ; & ces récompenses étoient des éloges éternels sur leur bravoure, & la liberté de rester perpétuellement assis à la table du Dieu. C'étoit là le principe toujours actif, toujours pressant, de l'héroïsme des Danois ; c'étoit cette douce espérance qui troubloit leur imagination, au point que dans la chaleur du combat, dans le feu de la mêlée, ils croyoient voir Odin lui-même ranimer la fureur des combattans, frapper ceux qu'il avoit dévoués à la mort, & emporter leurs ames dans l'immortelle *Valhalla*.

Si l'ambition de mériter d'aussi grossières récompenses avoit tant de puissance sur le cœur des Scandinaves, à combien plus forte raison le ciel promis aux sectateurs de l'Islamisme, devoit-il remplir leurs ames d'héroïques sentimens ? Car, il faut avouer que, malgré sa bisarrerie, le paradis de Mahomet ne laissoit pas d'être flatteur pour des peuples corrompus, & qui ne connoissoient que les plaisirs des sens, ne respiroient que pour jouir, ne foupiroient qu'après la volupté. Auſſi l'Apôtre de Médine eut à-peine donné à ſes imbéciles diſciples une légère idée des agrémens & du bonheur qu'ils goûteroient dans la vie future, que, tranſportés d'un zèle dévorant, ils ne ſongèrent plus qu'à marcher dans la carrière qui leur étoit ouverte : dangers, combats, ſupplices, rien ne les arrêta, rien déſormais ne fut capable de rallentir leur ardeur meurtrière. En effet, comme le fanatiſme étoit le grand reſſort que Mahomet faiſoit mouvoir ; l'intérêt étoit l'ame qui donnoit à cet enthouſiaſme le dégré de chaleur & de vivacité qu'il importoit au faux Prophète de lui donner pour arriver au but où il tendoit.

L'intérêt, ce mobile puiſſant des actions humaines, eſt mille fois plus fort, uni au fanatiſme, que toutes les paſſions enſemble dans leur plus grande effervescence. C'eſt lui qui crée, qui ſoutient, augmente & rend contagieux les tranſports des Enthouſiaſtes. Sans l'intérêt, le fanatiſme ou n'exiſteroit point, ou s'évanouiroit, & ſe conſumeroit bientôt par ſa propre activité : ſans principe, ſans objet, comment auſſi pourroit-il être épidémique ? Comment pourroit-elle durer cette flamme brûlante qui gagnant de proche en proche, ſe nourrit de ſon propre feu, & qui aulieu de s'affoiblir en s'étendant, prend de nouvelles forces à meſure

& les Superstitions.

qu'elle se communique ? Si ce n'eut été l'intérêt, qu'elle auroit pû être jadis la cause de l'yvresse des Corybantes, qui s'irritoient en raison de la violence des coups qu'ils frappoient sur leurs tambours, & qui après d'effrayantes convulsions, des hurlemens affreux finissoient par s'immoler eux-mêmes ? Si ce n'eut eté l'intérêt, quel eut été le principe des transports des Bachantes, qui s'animant par dégrès à la lueur de leurs thyrses enflammés, passoient de folie en folie, jusqu'aux derniers excès de la fureur ? Les uns étoient intéressés à faire respecter le culte de Cybèle, & les autres à célébrer les orgies de Bacchus par des fétes licentieuses, & très-souvent mêlées des plus infâmes prostitutions.

Mahomet agissoit par le même motif, je veux dire, que par le fanatisme ; il vouloit aveugler ses prosélytes, & troubler leur raison, au point de les rendre inaccessibles à la crainte, sévères & cruels jusqu'à la barbarie, invincibles à force de témérité. Son dessein étoit encore de les rendre si fort superstitieux à son égard, qu'ils n'osassent jamais ouvrir les yeux sur sa conduite ; ou que, s'ils étoient frappés de l'énormité des crimes que l'intérêt de sa gloire le forceroit de commettre, ils les regardassent comme autant d'actes de rigueur que le ciel lui prescrivoit, & les excès de ses débordemens comme des preuves éclatantes de la faveur de Dieu, qui ne permettoit qu'à lui seul de violer les loix les plus sacrées, de se livrer à des amours adultères, de former des liens incestueux, & de s'unir indistinctement avec toutes les femmes qui exciteroient dans son cœur des desirs trop pressans.

Je n'ai rapporté de la vie de Mahomet que les traits qui m'ont paru les plus propres à prouver la justesse de mon observation au sujet de l'utilité qu'un homme de génie peut retirer de l'absurdité même des superstitions reçues.

J'ai dit, plus haut dans cet ouvrage, que le plus sûr moyen d'éclairer & de policer un peuple devenu stupide, & qui s'est corrompu à force de superstitions, étoit, à mon avis, de lui faire adopter des superstitions moins grossières & plus séduisantes que ses anciennes erreurs, analogues à son caractère, à ses passions, à ses penchans, & toutes relatives à la législation qu'on vouloit établir, & à la nature du gouvernement qu'on se proposoit de fonder. Par les faits dont on vient de lire le récit, je crois avoir prouvé que ce moyen, le seul que l'imposture éclairée puisse employer avec succès, fut celui que Mahomet crut devoir mettre en usage: ambitieux, & instruit du caractère des Arabes, avoit il d'autre route à choisir? Il est très-vraisemblable que chez toute autre nation, moins ignorante & moins superstitieuse, il se fut bien gardé de recourir à tant de visions, à de si fréquens entretiens avec l'Ange Gabriel. L'imposture eut été trop frappante; mais en Arabie, il pouvoit hazarder tout; ce n'étoit même qu'à force de fourberie, de fictions, de contes, qu'il pouvoit persuader le merveilleux de sa mission. Sans l'autorité des miracles, sans l'intervention expresse d'une intelligence céleste, ses loix & sa doctrine eussent été mal reçues par des hommes accoutumés à construire de leurs mains, à voir, à adorer & à entretenir chaque jour une foule de Dieux.

D'ailleurs, entièrement livrés au brigandage & aux débordemens, les Arabes n'avoient aucune idée, ou dumoins, ils n'avoient qu'une idée très-imparfaite de Dieu, du paradis, de l'ame, de la vie future: ils n'aimoient, ne connoissoient, & ne goutoient que les plaisirs des sens; ils ne concevoient rien audessus de ces plaisirs. Pour leur plaire il falloit donc que la Doctrine de Mahomet tint un peu à ce goût général & dominant pour la sale débauche. Le luxe & la licence avoient jetté les Spartiates dans la plus honteuse anarchie, quand Licurgue entreprit de leur donner une sage législation, & de les ramener à la vertu: il y parvint: ses loix étoient même très-sévères; mais elles permettoient le vol; elles permettoient aux jeunes filles de Lacédemone l'indécence des vétemens; car enfin il falloit bien pour réussir, que Lycurgue se rapprochât par quelqu'endroit des mœurs des anciens Spartiates.

Comme je n'ai parlé de Mahomet que pour montrer les avantages & les dangers de la superstition ; il me suffit d'avoir suivi ses pas depuis sa naissance jusqu'à l'instant où il est parvenu à fonder, par le secours de l'erreur & de l'imposture, l'Islamisme & un vaste Empire sur les débris des superstitions de ses contemporains : il ne me reste plus qu'à examiner la cause qui rendit ses sectateurs si indulgens pour ses crimes & pour ses vices; mais je dois avant tout, justifier, en quelque sorte, Mahomet, des observations peu judicieuses de M. d'Herbelot & de quelques critiques au sujet du plan de l'Alcoran & du véritable Auteur de cet ouvrage singulier.

CHAPITRE XXXIII.

De l'Alkoran & de son véritable Auteur.

C'EST dommage pourtant que Mahomet ait eu la foiblesse de souffrir qu'on écrivit sous sa dictée, comme on dit, sous celle du Moine Sergius, ce monstrueux recueil de visions, de rêves, cet enchainement perpétuel d'impiétes, de contes, de préjugés fanatiques & d'extravagances outrées. A la lecture de cet ouvrage, on seroit presque tenté de croire que satisfait d'avoir asservi les Arabes & les Orientaux, le Prophête de Médine a voulu empêcher par l'extrême bisarrerie même de sa religion, que les erreurs & les superstitions qu'il avoit repandues, ne se communiquassent de l'Asie où elles avoient pris naissance, à l'Europe, trop éclairée pour se laisser éblouir, & trop peu disposée à l'enthousiasme, pour regarder Mahomet comme un génie supérieur & ses adroites impostures comme autant de prodiges.

Quel qu'ait été le but de Mahomet, l'Islamisme eut fait, à mon avis, des progrès plus rapides, si l'inconcevable folie, les apologues ridicules & les inconséquences de l'Alkoran ne venoient éclairer la raison à force de vouloir l'égarer.

En effet, à le considérer en lui-même, l'Islamisme est une doctrine très-merveilleuse, & qui dévoile, ou dumoins, qui promet de dévoiler d'une manière fort auguste & bien flatteuse pour ceux qui voudront l'embrasser, les mistères de la religion, & même ceux de la nature. Jamais science ne fit espérer de plus grands avantages à ses partisans, pour si peu qu'ils voulussent être dociles & crédules. Mais l'Alkoran ajoute de si grands biens, tant de délices; & ces biens & ces plaisirs sont si grossiers, d'une espèce si singulière, qu'à moins d'être né & d'avoir été élevé dans les ténébres du Mahométisme, il n'est guères possible de lire, sans rougir, dans ce livre scandaleux, les indécentes & très-voluptueuses descriptions de la vie future; Ce qu'il y a de singulier, c'est que dans ce même ouvrage, où Mahomet fait des peintures si lascives & quelquesfois si dégoutantes des délices du paradis, il offre à ses disciples les plus sublimes avantages pendant leur séjour sur la terre ; c'est au ciel seulement qu'ils seront perpétuellement enyvrés de plaisirs, de débauche & de volupté, sur le sein des jeunes Houris ; mais ici bas, ils seront affranchis de l'erreur & des foiblesses de l'humanité ; ils marcheront sans cesse dans des routes resplandissantes de lumière, ils gouteront intérieurement des biens & des plaisirs surnaturels, & jouiſſant, ſans trouble, de toutes les commodités d'un vie agréable, ils auront un commerce étroit avec les intelligences ſpirituelles, & reſteront intimèment unis avec Dieu, qui leur communiquera le don de ſainteté, l'eſprit de prophêtie, & la vertu d'opérer des miracles toutes les fois qu'ils le jugeront à-propos.

Les moyens, diſent les Derviches, dont on ſe ſert pour pénétrer dans l'eſprit du divin Alkoran, ne ſont pas des moyens ordinaires. Les connoiſſances humaines roulent toutes ou ſur l'expérience ou ſur le raiſonnement; au lieu que l'intelligence de l'Alkoran étonne la raiſon, confond le raiſonnement, & rejette le ſecours de l'expérience: Pour l'entendre & en ſaiſir l'eſprit, il ne faut ni penſer profondément, ni raiſonner; il ſuffit d'avoir de l'enthouſiaſme, de la candeur & ſurtout un fonds inépuiſable de docilité.

Des alluſions miſtérieuſes aux mots, aux lettres & aux nombres, un aſſemblage fort biſarre d'idées très-extraordinaires, beaucoup d'images diſparates, & une infinité de comparaiſons forcées, de fictions puériles, un ſtile découſu inégal, faſtueux, affecté, ridicule, des expreſſions hyperboliques, des préceptes impies, des dogmes dangereux & quelques vérités utiles: voilà quel eſt à peu-près l'Alkoran, ce livre ſi ſublime,

& rempli d'une éloquence plus qu'humaine, s'il faut s'en rapporter au jugement très-superstitieux des Docteurs orientaux.

Il est vrai que cette merveilleuse collection est remplie de contradictions, plus revoltantes encore qu'elles ne sont absurdes, & qu'il règne dans toutes ses parties une confusion que les plus habiles Docteurs ne parviendront jamais à éclaircir, quelques efforts qu'ils fassent. Mais, ce sont précisément ces contradictions si choquantes en apparence, & cette confusion si obscure & si inexplicable qui prouvent aux bons Musulmans la sainteté de l'Auteur & la sublimité de l'ouvrage : car tout le monde sçait, disent-ils, que Dieu envoya au Prophête ce S. livre, qui ne lui fut communiqué par l'Ange Gabriël que successivement, verset par verset, en différens tems & en divers lieux, pendant un intervalle de 25 années. Or, qui ne voit, ajoutent-ils, que s'il y a des contradictions dans ce recueil sacré, ce n'est pas à Mahomet qu'il faut les attribuer, mais à Dieu seul, qui pendant ce long espace de tems, corrigea, effaça, réforma quelques-uns des préceptes & des dogmes qu'il avoit envoyés précédemment à son Prophête.

Toutefois, malgré ces éloges, bien des gens n'apperçoivent dans l'Alkoran ni plan ni but déterminé, ni raison, ni bon sens; c'est, dit-on communément, un tissu de folies, un délire perpétuel, la production d'un phrénétique : on se trompe ; cet ouvrage, quelque bisarre qu'il paroisse, suppose dans son Auteur une connoissance profonde du caractère des peuples qu'il se proposa d'égarer, & dans ceux-ci, ce que peut la crédulité, & combien la terreur & l'orgeuil disposent des esprits ignorans & timides à adopter les erreurs les plus absurdes, & à ériger en dogmes respectables, les superstitions les plus insensées.

Nous jugeons les Musulmans d'après nous mêmes, & nous ne comprenons pas qu'à Constantinople, à Smirne &c., on puisse admirer des folies qui paroissent si ridicules à Paris, à Londres, ou à Rome. Cette manière de juger est fausse, & ne prouve autre chose, sinon que nous ne sommes pas nés & que nous n'avons pas été élevés dans le sein de l'Islanisme. Car, au fond, pourquoi les fables de l'Alkoran nous paroitroient-elles plus monstrueuses que les contes stupides de sorciers & de revenans, dont on berce les enfans, & qui effrayent tant les Laboureurs, la populace, & même bien des gens instruits ? Du tems de Mahomet, les Arabes étoient relativement à lui, ce que sont parmi nous les enfans, à l'égard de leurs nourrices : il vouloit en être craint ; il désiroit d'en être respecté : eh quel moyen plus propre à les rendre dociles à sa législation, à captiver leur esprit effrayé, que celui de leur présenter un Dieu cruel, injuste & barbare comme eux ; d'instituer une doctrine analogue à la perversité naturelle de leurs inclinations, & de ne leur prescrire, au lieu de culte, que la pratique insensée d'une prodigieuse quantité de devoirs superstitieux. L'esprit de Mahomet, l'ambition qu'il eut de régner par la crainte, perçant à travers les contradictions perpétuelles de ses fictions, son adresse est facile à connoitre, quelques efforts qu'il ait fait pour voiler ses impostures.

On a dit, & je l'ai répété d'après plusieurs Auteurs, que le Moine Sergius aida beaucoup l'Apôtre de Médine dans la composition de ce livre singulier. Seroit-il cependant si difficile de justifier Mahomet à cet égard ? Seroit-il si mal aisé de prouver que nul autre que lui n'a eu part à cet ouvrage ? Pour croire que Sergius a écrit les chapitres de l'Alkoran, il faudroit lui supposer & le génie & les desseins ambitieux de Mahomet ; il faudroit lui supposer aussi la plus profonde connoissance du caractère & des mœurs des Arabes. Or, Sergius vivoit loin de ces peuples : enseveli dans l'obscurité d'un cloitre, quel intérêt avoit-il à fonder une réligion dont il ne vouloit point passer pour l'Instituteur ; que lui importoient la gloire, les succès ou les rêves du fourbe de la Mecque ? Moine Nestorien, Sergius n'étoit-il pas aucontraire intéressé à répandre partout & à accréditer les erreurs par lesquelles il s'étoit rendu fameux dans le monastère de Bostra.

Tout le monde convient que les versets de l'Alcoran ont été composés successivement, & publiés à mesure que des circonstances nouvelles, & presque toujours imprévues, engageoient Mahomet à faire parler le ciel, soit pour justifier quelqu'un de ses crimes, soit pour annuller quelques-uns des versets précédens. Si Sergius eut écrit pour Mahomet, il auroit donc fallu qu'il ne l'eut point quitté, & qu'il eut été témoin de tous les événemens qui se passoient auprès de l'imposteur. Or, personne n'a dit que Sergius se soit éloigné du couvent de Bostra, ni qu'il ait jamais habituellement vécu avec Mahomet ; avec lequel pourtant il eut dû nécessairement vivre, s'il eut été l'auteur de l'Alcoran. D'ailleurs, si Sergius eut composé ce livre, pense-t'on qu'il eut négligé d'y insérer les erreurs du Nestorianisme ? Par quelle absurdité, dans un recueil de toutes les erreurs, Sergius eut-il précisément oublié celles qui faisoient à Bostra, toute sa sçience, & parmi les Moines de son pays, toute sa célébrité ? Toutefois, on n'apperçoit dans l'Alcoran aucun des dogmes, aucune des opinions des Nestoriens. Sergius avoit de la vie future, de l'éternité des recompenses & des punitions la même idée qu'en avoient les Catholiques d'Orient, d'accord à cet égard avec ceux d'Occident. Car on fçait que les Neftoriens ne differoient du refte des Chrétiens, fuppofé même qu'il y eut entr'eux quelque différence réelle, que par la manière très-inintelligible dont ils prétendoient expliquer le miftère de l'incarnation. Or, dans quelle partie de l'Alcoran apperçoit-on des traces de Neftorianifme ou de Catholicifme ; & quelle reffemblance y a-t'il entre le bonheur promis aux Catholiques après la mort, & l'attrait des plaifirs groffiers & fenfuels propofés aux Mahométans ?

L'impofteur de Médine n'a confulté, comme quelques-uns l'ont fuppofé, ni Sergius, ni Batiras le Jacobite, ni les Juifs, ni les Chrétiens, pour compofer fon récueil fanatique ; il n'a fait qu'étudier le penchant des Arabes, & profiter avec adreffe de l'afcendant que lui donnoient fur eux leurs erreurs, fon ambition éclairée, leur goût décidé pour les fuperftitions. Timides, enthoufiaftes & corrompus, il n'a cherché dans l'Alcoran qu'à leur infpirer tour-à-tour de la terreur, du fanatifme, & un zèle enflammé pour une religion qui non-feulement leur permettoit de fe livrer fur la terre au goût effréné des plaifirs ; mais qui leur promettoit d'éternels délices dans la vie future, & une volupté fans ceffe renaiffante.

D'après

D'après ce que j'ai dit de la stupidité des Arabes & de leur penchant à la superstition, qu'on juge de l'impression de terreur que devoit faire sur eux la peinture grossière, mais effrayante, que Mahomet leur présenta dans l'Alcoran, des jugemens qui seront prononcés après la mort de ses disciples. „ A-peine, est-il écrit dans l'Alcoran & dans la *Suna*, les ténèbres de la mort se sont-elles étendues sur les yeux d'un Musulman, qu'il est jugé par le grand Juge, & l'exécution de la suprême sentence est commise à deux intelligences célestes, c'est-à-dire, à deux Anges noirs qui viennent dans le tombeau, où le Croyant a été déposé. Ces Anges remettent l'ame qui s'étoit envolée, dans le corps du défunt ; ensuite ils lui demandent s'il a bien observé la loi de Mahomet, & s'il a médité tous les versets du divin Alcoran. Si le mort répond qu'oui, & qu'il mente, aussitôt celui des membres de son corps par lequel le Musulman a transgressé quelqu'un des points de la loi, répond qu'il vient de mentir, & il lui dit dans quelle circonstance & comment il a péché. Alors l'un des deux esprits noirs donne un grand coup de masse sur la tête du mort, & il l'enfonce à six brasses de profondeur, où il est cruellement tourmenté pendant une longue suite d'années. Mais si le Musulman est innocent, & s'il n'est accusé par aucun de ses membres, les esprits noirs s'envolent, deux Anges plus blancs que la lumière, leur succèdent, & conservent le corps jusqu'au jour du jugement universel".

Sur quel motif M. d'Herbelot & beaucoup d'autres Sçavans ont-ils pu imaginer que Batyras, Sergius, ou quelques Docteurs Juifs ont fourni à Mahomet cette fable ridicule, & cependant l'une des moins déraisonnables de toutes celles qui composent les chapitres de l'Alcoran; & quelle ressemblance ont-ils trouvé entre ce conte puèrile & la croyance des Juifs, les erreurs des Nestoriens, ou les opinions des Chrétiens Orientaux? Si Batyras, comme on l'a dit, Sergius ou les Juifs eussent travaillé de concert avec Mahomet, liroit-on dans ce livre, ainsi que dans la *Suna*, qu'un bœuf soutient le globe de la terre, & que porté lui-même par une pierre blanche, il a la tête constamment tournée à l'Orient, la queue à l'Occident; que son front est armé de quarante cornes, sa bouche de quarante dents, & que ces cornes, ainsi que ces dents sont séparées les unes des autres par autant d'intervalles, chacune de mille années de chemin. Dans quelle doctrine, quelque corrompue qu'on la suppose, veut-on que Mahomet ait pris les deux points détestables qui servent de base à sa loi; l'un qui ordonne aux Mahométans de croire que tout ce qui arrive est irrévocablement fixé par les décrêts éternels, ensorte que rien ne peut en empêcher les effets ; l'autre que l'Islamisme doit être répandu sans obstacle, reçu sans contradiction, démontré sans miracle ; de manière que tous ceux qui balanceront un instant à le recevoir, doivent être massacrés ; & que plus les Musulmans tueront d'incrédules, plus ils augmenteront la somme de gloire & de délices qui leur sont destinés dans le paradis.

Il est vrai que l'Alcoran renferme beaucoup de récits historiques, & que ces récits, quoique très-altérés, supposent néanmoins dans celui qui les a écrits quelque connoissance de la tradition judaïque : mais ce n'est là que la partie la moins essentielle de l'Alcoran ; puisqu'elle ne contient que quelques faits historiques, sans que l'Auteur y ait mêlé aucun précepte, aucune sorte de dogme. Ainsi, sans recourir ni à Batyras, ni aux Juifs, encore moins au Moine Sergius, Mahomet étoit assez instruit des différentes religions qui divisoient l'Orient, pour dire, d'après les connoissances qu'il avoit acquises, ,, qu'àprès le châtiment de la première postérité des enfans d'Adam, qu'il appelle *le plus ancien des Prophètes*, Noë avoit réparé ce que les premiers habitans de la terre avoient perdu ; qu'Abraham avoit succédé à Noë ; Joseph à Abraham &c." M. d'Herbelot a-t'il pu penser que Sergius ou Batyras se fussent contentés de fournir à Mahomet ces récits historiques, & qu'ils ne l'eussent point engagé d'insérer dans l'Alcoran quelques uns de leurs dogmes, quelqus unes de leurs opinions & des erreurs qu'ils répandoient dans l'Orient ?

Outre ce que j'ai observé au sujet de la distance très-considérable qui séparoit Sergius & l'imposteur de Médine ; outre l'impossibilité où étoit ce dernier de consulter qui que ce fut dans les pressantes circonstances qui, sans qu'il eut pu le prévoir, exigeoient de lui qu'il fit précipitament descendre quelque dogme du ciel ; où reconnoit-on d'ailleurs, dans l'Alcoran, le stile ou la manière des Juifs, de Batyras ou du Moine Sergius, auquel Mahomet a survécu de près de quinze années ? Est-ce dans la confusion qui règne dans cet indigeste recueil, divisé sans ordre ni méthode, en *Suras* ou chapitres, sous-divisés en versets mal cousus, mal pensés, grossièrement écrits, & qui presque partout ressemblent plus à de la très-mauvaise prose qu'à de la poésie tant soit peu supportable ? Est-ce dans l'insipidité des titres de ces chapitres, ridiculement intitulés, l'un, *de la vache*, l'autre *des fourmis*, un troisième, *des mouches*, &c., & dans lesquels on ne trouve absolument rien de relatif aux sujets annoncés ?

Quand, transgresseur des points les plus

essentiels de sa doctrine, Mahomet eut été surpris par ses femmes dans les bras d'une Esclave, & que son incontinence faisant murmurer ses disciples, il lui importoit de faire cesser au plutôt les propos deshonnorans qui se répandoient contre lui ; dira-t'on qu'il alla consulter Sergius qui déjà n'étoit plus, Batyras ou les Juifs, & qu'il attendit qu'on lui envoyât le *Sura* par lequel le ciel lui permet l'adultère ? Quand des événemens imprévûs, des séditions inattendues l'engageoient à dévouer à la mort quelqu'un de ses ennemis, & que ces fréquens homicides révoltoient ses disciples, Mahomet attendoit-il que Sergius lui eut envoyé de Bostra, quelque nouveau chapitre dans lequel le meurtre qu'il avoit projetté, eut été approuvé par le ciel ?

Mais pourquoi, puisque tout le monde est d'accord sur le caractère de Mahomet, & que ce caractère est peint à chaque ligne, à chaque mot de cet extravagant ouvrage, pourquoi, quand on ne peut y méconnoitre son génie, va-t'on imaginer de le donner à Sergius, dont on ne connoit ni le caractère, ni le génie, ni les mœurs ? Celui qui a eu l'adresse d'infecter l'Orient de ses erreurs, n'auroit-il donc pas eu assez de talent pour dicter le récueil fanatique de ces mêmes erreurs ? Quelle singulière idée ! Mais ceux qui ont cru Mahomet incapable d'avoir composé l'Alcoran, ont-il comparé cet ouvrage avec le caractère, les actions éclatantes & les crimes atroces de cet ambitieux ? Avant que de donner l'Alcoran au Moine de Boſtra, je crois que M. d'Herbelot eut dû faire cette comparaiſon ; & s'il l'eut faite, je ne penſe pas qu'il eut jamais ſongé à attribuer ce livre à quelqu'autre qu'au fourbe de Médine.

CHAPITRE XXXIV.

Cruauté de Mahomet. Stupidité de ses Disciples.

PArce qu'un homme en a tué beaucoup d'autres, il ne s'ensuit pas toujours qu'il soit cruel, sanguinaire, inhumain. Il faut avant de décider, examiner dans quelle position il s'est trouvé. Voilà ce que repondent les Musulmans, quand on leur parle de l'excessive sévérité de leur Prophête. Peuvent-ils le justifier ? Y a-t'il quelque situation, à moins que ce ne soit celle de la défense de soi-même, qui excuse le meurtre ? Le fondateur de l'Islamisme n'avoit à craindre ni le poignard des assassins, ni les trames secrétes de ses envieux ; environné de ses disciples, il étoit à l'abri de tout funeste événement ; il eut pu, sans inquiètude, jouir de la tranquillité que lui assuroit la vénération publique : mais ces actes de barbarie le rendoient plus respectable encore ; sa tirannique autorité, sa rigueur, ses assassinats persuadoient au peuple que le ciel lui avoit donné droit de vie & de mort sur les Croyans, ainsi que sur les infidéles ; & tout cela tournoit au profit de ses vûes.

Toutefois, Mahomet usa-t'il fréquemment

de ce droit de vie & de mort ? On est assez dans l'habitude, en Europe, de regarder l'Apôtre de Médine comme le monstre le plus féroce qui ait paru sur la terre. On croit qu'il a été plus inhumain que Phalaris, plus atroce que Néron, Caligula, Commode, & tant d'autres scélérats, dont les noms, pour l'honneur de l'humanité, devroient être effacés des fastes de l'histoire. On se trompe pourtant ; il y a bien différence de lui à ces tyrans. Il est vrai que Mahomet a répandu beaucoup de sang ; qu'il a sacrifié à son ambition un trés-grand nombre de victimes ; mais beaucoup moins qu'on ne le pense, & qu'il eut pu en immoler. Il est bon d'observer encore qu'à quelques homicides prés, il n'a été cruel que dans des circonstances où il lui paroissoit très-difficile d'épargner, sans se perdre lui-même, ceux qu'il faisoit assassiner. Veut-on qu'un conquérant, que le fondateur d'un Empire & d'une religion telle qu'est l'Islamisme, ait toujours de la douceur, de l'équité, de la modération ? Veut-on qu'il laisse exister, au milieu d'une foule docile, & qui lui est dévouée, quelques incrédules remuans & hardis, qui de licence en licence, iront jusqu'à couvrir de ridicule ses miracles, ses prophéties, ou qui dévoileront les vrais motifs de son zèle apparent, de son feint enthousiasme, le danger de ses préceptes, l'impiété de ses dogmes, la fausseté de ses révélations ? Que seroit devenu Mahomet, & dans quel nouvel abîme d'idolâtrie & de corruption les Arabes, ses disciples seroient ils retombés, s'ils se fussent doutés de la fourberie de leur Prophête, de ses desseins, de ses vûes, du mepris qu'il faisoit & du ciel & des hommes ?

D'ailleurs, pour aller jusqu'au trône, Mahomet n'avoit plus qu'un très-petit espace à franchir, & il falloit ou renoncer pour toujours à s'y asseoir, ou répandre le sang de quelques obstinés qui vouloient absolument l'empêcher d'y monter. Quel parti devoit-il prendre ? Il choisit le plus sûr, parcequ'il vouloit règner ; & voilà quelle a été la véritable cause des meurtres dont il s'est couvert. Toutefois est-il bien prouvé qu'il en ait commis autant qu'il en est accusé ? Il s'en faut, si l'on efface de la nombreuse liste de ses assassinats, la quantité prodigieuse de Mécréans, que ses soldats ont égorgés, ou pour les convertir à l'Islamisme, ou sur le refus qu'ils ont fait de se convertir. Quant à ceux qu'il a tués lui-même de sang froid, ou qu'il a fait tuer, je n'en trouve dans tout le cours de sa mission apostolique & conquerante, que sept cens vingt, ou sept cens vingt-deux (car le nombre n'en est pas exactement fixé, même par les Docteurs Mahométans). Or, de ces sept-cens vingt-deux victimes, il n'y en a presque aucune que Mahomet n'ait fait mourir pour des raisons qu'il trouvoit très-plaufibles, & qu'il avoit grand foin de faire expreffement approuver par l'Ange Gabriel.

Le premier de ceux qui périrent par fes coups, ou par ceux de fon fidèle Omar, fut un de fes difciples, homme très-confidéré, & qui avoit ofé appeller à Omar, d'une fentence que l'Apôtre venoit de prononcer. Omar ne jugea point l'appel ; mais de fon cimetère il fendit en deux l'appellant, pour le punir de n'avoir pas voulu acquiefcer à la décifion d'un Juge auffi intègre & auffi éclairé. Mahomet fut fi content de cette décifion, qu'il donna à Omar le furnom d'*Al-Faruk* ou de *Séparateur* ; puifqu'il fçavoit fi bien, dit-il, diftinguer le vrai d'avec le faux. Les Mufulmans font encore affez embarraffés de décider lequel des deux a été le plus admirable dans cette occafion, d'Omar, qui a montré une fi fainte indignation contre un homme qui ofoit douter de l'equité du Prophète, ou de Mahomet qui en approuvant ce meurtre, a fait fi éminemment connoître fon amour pour la juftice, & la certitude où il étoit de l'équité de fes jugemens.

La feconde victime immolée à la gloire de Mahomet étoit bien plus coupable ; il étoit important qu'elle pérît. Mahomet récitoit quelques verfets de l'Alcoran, très-fublimes, comme ils le font tous : Al-Nodar, jeune incrédule, écouta fort attentivement ces verfets, & fortit: on lui demanda quel étoit le fens des paroles que Mahomet venoit de prononcer. L'impie repondit en jurant, qu'il n'y entendoit rien, & que l'Apotre-fe mocquoit de débiter d'un air fi grave, de fi mauvais contes de vieille. On fent combien Mahomet étoit intéreffé à ne pas laiffer impunis des propos auffi licentieux. Dès le foir même il fit égorger Al-Nodar, & tous dirent: *le Prophéte a bien fait; loué foit le Prophéte qui a vengé le ciel, Auteur de l'Alcoran.*

Okba ne pouvoit éviter la mort qu'il avoit bien méritée. Mahomet n'étoit encore qu'un particulier ordinaire, qu'Okba l'entendant parler de fes vues de réformation, eut l'infolence de lui donner un coup de pied, & de lui cracher au vifage: Mahomet jura qu'il fe vengeroit dans la fuite, & qu'il lui couperoit la tête. Il lui tint parole; car Ali lui coupa la tête par ordre du Prophête. Il eut réellement été fort indécent, difent les Mufulmans, que Mahomet publiquement déclaré Prophête & maitre de l'Arabie, eut laiffé exifter un homme qui l'avoit fi cruellement outragé; la vie de l'impie Okba ne bleffoit-elle pas évidemment la religion?

Mahomet invita les Juifs de Médine à embraffer l'Iflamifme: ils rejettèrent l'invitation. Le Prophête irrité leur fit la guerre ; ils furent obligés de se rendre à discrétion, au nombre de sept cens ; & la discrétion de l'Apôtre fut d'ordonner qu'on les massacrât tous, sans distinction d'âge ni de sexe. Ces Juifs étoient fort riches ; Mahomet réfléchit, & leur laissa la vie, à condition qu'ils lui remettroient tout ce qu'ils possédoient, & qu'ils s'en iroient exactement tout nuds ; ce qui fut strictement exécuté. Il n'y a point de Derviche qui puisse retenir ses larmes à ce trait de clémence de Mahomet : ses disciples pensèrent comme les Derviches, & ils ne pouvoient assez admirer la douceur de l'Apôtre, qui maître de prendre les biens & la vie de 700 Juifs, s'étoit contenté de s'emparer de tous leurs biens, leur avoit laissé la vie, & même la liberté d'embrasser l'Islamisme.

Caab, Poëte satyrique, ne se contenta point d'être incrédule ; il eut la témérité de faire des vers très mordans contre le Prophête & contre l'Alcoran ; double atrocité qui méritoit, suivant les sectateurs de Mahomet, les plus cruels supplices. Mahomet fut cependant plus doux que ne l'eussent été ses prosélites ; il fit seulement assassiner Caab, qui fut trop heureux, dit-on, de ne pas périr d'une mort plus violente.

L'Islamisme faisoit de rapides progrès ; tout le monde croyoit, toutes les villes de l'Arabie ouvroient leurs portes au Prophête :

un seul Arabe (Sofian) résista au torrent, & entreprit audacieusement d'arrêter les armes de l'Apôtre : Mahomet envoya poignarder Sofian, & sa troupe fut dispersée. Les Musulmans eussent bien désiré que le Prophète, moins indulgent, eut exterminé les complices & les soldats de Sofian ; mais plus humain qu'eux Mahomet fut satisfait du sang du plus coupable.

Saad, l'un des Généraux de Mahomet, fut envoyé contre les Koréid'hites, qui renfermés dans une forteresse s'y défendirent pendant vingt-cinq jours ; mais ils furent alors obligés de se rendre. Saad les prit, les enchaîna, & décida que les hommes seroient passés au fil de l'épée, que les femmes & les enfans seroient esclaves, & que leurs biens seroient partagés entre le Prophête & ses principaux sectateurs. On amena cette foule de malheureux devant l'Apôtre, qui s'écria que *Saad avoit prononcé un jugement divin*, & en conséquence il fit massacrer sous ses yeux sept cens Koréid'hites ; les femmes & les enfans furent tous emmenés en captivité. Les disciples de Mahomet furent d'abord surpris de cet acte de rigueur ; on dit même que quelques-uns d'entr'eux trouvèrent un peu dur ce massacre ordonné & exécuté avec tant de sang froid ; mais le Prophête les convainquit sans peine de la grande équité de cette exécution ;

il leur prouva que les Koréid'hites ayant été sommés de se rendre de la part de l'Envoyé de Dieu, & ne s'étant point soumis tout de suite, ils avoient été rébelles à Dieu lui-même, contre lequel ils avoient eu l'exécrable témérité de combattre ; que ce crime étant irrémissible par sa nature, c'eut été en lui un crime plus grand encore, s'il eut pardonné à ces sept cens coupables. La force de cet argument pénêtra si fort les partisans du Prophête, qu'ils s'étonnèrent de ce que les femmes & les enfans des Koréid'hites, qui avoient, en quelque sorte, partagé leur faute, ne partageoient pas aussi leur châtiment. Mals il falloit que Mahomet laissât toujours, même dans ses vengeances, échapper quelque trait d'indulgence & de générosité. Les Musulmans ne manquent pas de célébrer par de grandes réjouissances l'anniversaire de ce pieux massacre.

Salam étoit un Juif fort indiscret, & qui osa insulter Mahomet au sein de ses triomphes. Mahomet, simple particulier, eut méprisé peut-être les injures du Juif ; mais Apôtre, il eut manqué au respect qu'il se devoit, s'il eut laissé une telle licence impunie ; il fit égorger Salam, & cet acte de justice fut & est regardé encore comme une des actions les plus illustres de son apostolat.

Huit Oraïnites qui avoient embrassé l'Islamisme, vinrent à Médine, & y séjournèrent quelque tems ; mais trouvant que l'air de la ville ne leur convenoit pas, ils se retirerent à la campagne, dans le lieu où passoient les troupeaux de Mahomet ; & par son ordonnance ils burent du lait de ses chamelles, & même de leur urine pour se guérir ; faveur que tout Arabe eut payé de son sang : car les chamelles du Prophéte avoient aussi l'honneur d'opérer des prodiges, des guérisons miraculeuses. Mais par la plus noire ingratitude les Oraïnites s'enfuirent, & emmenèrent les chameaux sacrés. Mahomet informé du vol, envoya ses Satellites à la poursuite des impies ; ils furent pris & conduits aux pieds de l'Apôtre. Il leur reprocha l'atrocité de leur crime, leur fit voir combien il etoit affreux de voler les chameaux d'un Prophéte, qui, comme tout le monde le sçavoit, appartenoit au ciel lui, & conséquemment tout ce qu'il possédoit. Ensuite, pour expier cette horrible profanation, Mahomet fit couper les pieds & les mains des huit Oraïnites, leur fit créver les yeux, & les fit attacher à des croix, où ils expirerent. Cet exemple qui, comme on voit, étoit un peu sévère, inspira aux Musulmans le plus grand respect pour les chamelles de Mahomet, & pour tout ce qui lui appartenoit. Les Derviches, toutes les fois qu'on a usurpé sur leurs possessions, ou qu'ils croyent qu'on veut leur usurper quelque chose, ont grand soin de citer la punition des Oraïnites ; & comme ils prétendent appartenir aussi directement au Prophête, que ses chamelles lui appartenoient, cette autorité ne manque pas de faire une très-grande impression sur l'esprit du Cadi.

Osaïr, homme ambitieux, vindicatif & fort entreprenant, résolut de venger le meurtre de Salam ; il souleva par ses clameurs les Juifs de Khaïbar, qui, éblouis par ses promesses, le nommerent leur chef. Mahomet averti du complot, envoya Abd'allah vers l'impie Osaïr. Abd'allah suivi de trente hommes, l'attira dans une embuscade, le perça de son épée, & massacra les Juifs de Khaibar. Dans cette occasion, Mahomet ne fit que se défendre contre Osaïr, qui très-certainement avoit bien mérité le sort qu'il éprouva.

Les Mecquois avoient longtems résisté à la force & aux exhortations du Prophête ; mais enfin ils furent, à l'exemple du reste de l'Arabie, obligés de se soumettre. Mahomet s'empara de la Mecque ; sa victoire fut ensanglantée par le massacre d'une foule de malheureux immolés à la gloire de la nouvelle religion. Après ces premiers momens de carnage, Mahomet parut tranquile, & la fureur de ses partisans assouvie. Il déclara même publiquement que désormais la Mecque seroit un azile inviolable. Cependant après avoir été solemnellement inauguré sur la colline d'Al-Safar; après avoir reçu le serment de fidélité du peuple, le ciel lui rappella le souvenir de quelques anciennes injures, & il jura au même instant de retracter sa promesse; non qu'il n'eut pas la générosité d'oublier des outrages, mais pour venger le culte qu'il avoit établi, & pour donner un exemple capable d'effrayer à jamais les impies. Il proscrivit donc ceux qui avoient témoigné le plus d'animosité contre lui. Quelques-uns des proscrits obtinrent grace : car quel homme, disent les Musulmans, fut plus doux que notre Prophète ? On n'est pas d'accord sur le nombre de ceux qui furent égorgés. On sçait seulement que Mahomet fit poignarder Mekias, qui outre ses anciennes fautes, avoit eu la témérité de boire du vin, malgré la défence expresse que Mahomet venoit de faire de cette liqueur.

Abd'allah, fils de Kathal, joignoit à un débordement scandaleux une irreligion outrée; il avoit tué un Musulman, & il menoit avec lui deux prostituées, qui chantoient publiquement des vers satyriques contre Mahomet : il fut proscrit, comme il le méritoit : il alla se cacher dans l'intérieur de la Caaba; il y fut découvert, & tué par ordre du Prophète, qui avoit le privilége de violer les asyles, quand il étoit question de faire exécuter ses ordres. Ses sectateurs, même les plus zélés, murmurèrent, & trouvèrent barbare cet homicide, commis dans le sanctuaire le plus sacré de la terre. Mahomet leur déclara qu'il avoit reçu une permission particulière de violer l'immunité de la Caaba pour une heure. Les Musulmans admirèrent les priviléges de l'Apôtre, & gardèrent le silence.

Al Howaïreth, l'un des plus distingués Koréishites, haïssoit Mahomet ; il l'avoit insulté, & l'on assure même qu'il avoit outragé Fatime & la belle Zeynah, ses deux filles chéries : Al Howaireth fut trainé aux pieds de Mahomet. Celui-ci remit son glaive au redoutable Ali, qui d'un coup abbatit la tête du brutal Howaireth : grand & mémorable exemple contre les impudiques ! Hareth qui n'avoit ni la naissance, ni le crédit d'Al-Howaireth, avoit tenu aussi des propos insolens contre l'Apôtre. Mahomet fit un signe, & Ali abbatit, de son cimetère, la tête du coupable, dont le nom fut dèslors en exécration parmi les fidèles Croyans.

Kariba, Omsaad, & une servante d'Abd'allah expirèrent dans les supplices, sous les yeux, & par ordre de Mahomet, qui punissoit dans la première, l'une des deux prostituées d'Abd'allah, ses vices & les vers satyriques qu'elle avoit eu l'audace de chanter ; dans la seconde, l'indiscrétion qui lui avoit fait révéler quelques actions secrètes

& galantes du Prophête ; dans la troisième, les services qu'elle avoit rendus à son maitre, incrédule & proscrit.

Voilà quels furent à peu près tous ceux que Mahomet se crut obligé d'immoler à sa gloire & aux progrès de sa doctrine, dont ces malheureux retardoient la propagation, autant qu'il leur étoit possible. Le danger qu'il y avoit à les laisser exister, ne justifie point Mahomet ; mais ce danger pourroit du moins prouver que des motifs indispensables l'ont porté, sans être barbare, à des excès de cruauté. D'ailleurs, ces injustices, ces meurtres, ces assassinats, rendoient si respectable celui qui les commettoit ; ses prosélytes avoient tant de docilité à croire ces assassinats expressément ordonnés par le ciel, & cette erreur étoit si favorable à l'Islamisme, que l'humanité est, en quelque sorte, redevable à Mahomet, de n'avoir pas été plus féroce, & de n'avoir pas grossi les flots de sang que le ciel & sa gloire l'autorisoient à verser.

CHAPITRE XXXV.

Débauches de Mahomet. Aveuglement de ses Disciples.

MAHOMET idolâtra les femmes : la beauté eut sur lui plus d'empire qu'il n'en avoit lui-même sur ses stupides sectateurs. Il ne fut ni inconstant dans ses amours, ni perfide avec ses Maitresses ; mais il lui en fallut plusieurs, & il les aima toutes éperduement & d'une égale ardeur. Si ce qu'on assure de lui, à cet égard, est vrai, Mahomet fut un homme fort rare, fort extraordinaire. Les Docteurs Musulmans prétendent d'après lui, & ce qu'il y a de bien surprénant, d'après ses femmes, qu'il avoit reçu de la nature la force & la vigueur de cent hommes robustes : on seroit tenté de le croire, aux exploits étonnans dans ce genre qu'on raconte de lui. Quoiqu'il en soit, il eut, selon quelques Historiens Mahométans, 13 femmes légitimes ; plusieurs même disent 15 ; Abulfeda & Gentius assurent qu'il en épousa 26. On n'en connoit que 12 ; & chacune de ces 12 eut en lui l'amant le plus impétueux, le mari le plus riche des dons de la nature. Aucune d'elles n'eut le tems ni la liberté d'être jalouse ; on prétend qu'il les voyoit toutes dans une même nuit, comme s'il n'en eut vû qu'une.

J'ai parlé de Khadija. Sawda fut la seconde femme du Prophête ; Ayesha, fille d'Abubeker, fut la troisième ; Mahomet eut toujours pour elle la plus vive passion ; elle régnoit dans son cœur, elle occupoit son ame toute entière : dans les bras de ses autres épouses il soupiroit pour Ayesha ; elle étoit son amie, sa maitresse, son idole, son dieu. Ghozia fut sa quatrième femme ; il l'aima par caprice, l'épousa par amour, & la répudia par dégoût. Hassa, fille d'Omar, sa cinquième épouse, eut tour-à-tour sa haine & son amour, sa confiance & ses mépris ; il finit par la respecter, & même par la consulter dans les difficultés les plus pénibles à résoudre. Il épousa la belle Zeïnab, qui des bras du Prophête passa dans le tombeau, & laissa à son époux des regrets éternels ; car Zeinab étoit aimable, vive & voluptueuse.

Omm Salma fut l'épouse chérie de l'Apôtre, & elle eut été peut-être celle qu'il eut le plus constamment adorée, s'il n'eut pas vû par hazard la belle Zénobie, femme de Zeid, son affranchi & son fils adoptif : il ne pouvoit se marier avec elle ; la loi le défendoit ; c'étoit même, suivant sa doctrine, un sacrilège irrémissible que de convoiter la femme de son fils adoptif. Mais quand Mahomet avoit publié cette loi, il ne connoissoit pas les graces de Zénobie : il la vit, son cœur soupira ; Zeid s'apperçut de la passion naissante de son pere adoptif ; il y alloit de sa vie ; il feignit de n'avoir plus que du dégoût pour son épouse, & la répudia. Mahomet fit descendre du ciel un verset de l'Alcoran qui le dispensant de la loi, lui permit d'épouser Zénobie ; il l'épousa, remercia le ciel, & idolâtra sa nouvelle conquête.

Mahomet vit en Ethiopie la jeune Habiba, femme d'Obeid'hallah ; ses attraits le toucherent ; il quitta l'Ethiopie, le cœur blessé ; il apprit à Médine la mort d'Obeid'hallah ; & il envoya aussitôt un courier au Roi d'Ethiopie, pour le prier de lui permettre d'épouser Habiba. Le Roi y consentit, & Habiba vint à Médine, où elle vécut en Souveraine auprès de son amant, époux tendre pour elle, & toujours éperdu.

Joweira, de l'état de captive, passa, grace à ses charmes & à l'amour qu'elle avoit inspiré au Prophête, au glorieux état de femme de Mahomet : il la chérit beaucoup, & les années ne firent qu'augmenter sa tendresse pour elle. Mahomet épousa aussi Safiya, Juive d'une beauté parfaite, remplie de talens, & à laquelle Mahomet découvroit chaque jour quelques graces nouvelles.

Maimura fut la douzième femme du Prophête ; c'est la derniere de celles dont on connoit le nom : elle avoit, sur ses compagnes, cet avantage, que Mahomet la respectoit jusqu'à la vénération, même dans des momens qui paroissent exclure toute espèce de respect.

Toutes ces femmes étoient on ne peut pas plus satisfaites de leur époux ; jamais elles ne s'apperçurent d'aucun rallentissement. Toujours idolâtrées, elles ne concevoient pas comment le Prophête pouvoit suffire à des travaux plus réels & plus pénibles que ceux de l'ancien Alcide : les Musulmans ne le comprenoient pas non plus ; & cet excès de forces ne contribuoit pas peu à leur faire regarder Mahomet comme un être tout extraordinaire, & visiblement protégé du ciel.

On fut d'abord un peu surpris que Mahomet violât aussi ouvertement la loi qu'il avoit faite, & que n'ayant permis à ses sectateurs, sous peine d'anathème, que quatre femmes ou concubines au plus, il grossit chaque jour d'une nouvelle épouse le nombre de ses femmes. Cet exemple scandalisoit ; mais le Prophète fit bientôt cesser le scandale. Il se fit accorder par le ciel un privilège exclusif de prendre tout autant d'épouses qu'il le jugeroit à propos ; & le même verset de l'Alcoran qui lui donnoit ce privilège, défendoit à qui que ce fut, de blâmer sa conduite, & de se scandaliser de son incontinence.

Mais envain Mahomet fit-il intervenir le ciel & l'Ange Gabriel ; envain profita-t'il des forces plus qu'humaines qu'il tenoit de la nature ; envain chercha-t'il par les preuves les plus convaincantes, à faire accroire à ses femmes qu'il les adoroit toutes, & que chacune d'elles étoit plus heureuse & plus favorisée que si elle n'eut été que la femme unique de tout autre : ni ses rares talens, ni ses visions, ni ses travaux, ni ses caresses ; rien ne put le mettre à l'abri du sort qu'éprouve communément tout époux adultère. Il se vit couvert d'opprobre, si c'en est un d'avoir une épouse volage, infidéle, débordée. La plus chérie de ses femmes, celle qu'il idolâtroit pardessus tout, l'amie de son cœur, Ayesha, eut plus d'un amant ; & soit qu'elle fut irritée des infidélités de Mahomet, soit qu'elle ne put résister à l'ardeur du penchant qui l'entrainoit, elle combla de ses faveurs beaucoup de Musulmans. Ses aventures devinrent publiques ; sa réputation fut flétrie. On l'accusa ouvertement d'adultère & de débauche outrée. Mahomet adoroit Ayesha ; il ne pouvoit douter de ses infidélités : la punir, la répudier, c'eut été s'exposer à des ressentimens ; & d'ailleurs, il y eut eu en lui bien de la mal-adresse, s'il eut avoué que Prophête il avoit ignoré l'inconduite de sa femme, lui qui se vantoit de lire dans les replis les plus cachés des cœurs. Considérant combien cette accusation pourroit l'humilier devant ses ennemis, qui la regarderoient comme une tache à son honneur, & qui par-là parviendroient à affoiblir son autorité, il entreprit de justifier sa femme, malgré la publicité de ses débordemens. Il assembla ses Sectateurs, & leur rendit compte d'une révélation toute particulière, & par laquelle Dieu l'avoit expressément averti de ne jamais rien croire des calomnies que l'on pourroit répandre contre l'honneur & la pureté d'Ayesha.

Cette révélation dont on lit le récit dans le 24e. chapitre de l'Alcoran, fit tant d'impression sur les esprits, qu'Ayesha passa dès cet instant pour un modèle de vertu : quelque tems après un Musulman indiscrêt ayant osé se vanter des bontés de cette femme, il reçut, par ordre de Mahomet, quatre-vingt coups de fouet, ainsi que le ciel l'avoit ordonné, suivant la loi insérée dans le même chapitre.

Mahomet fut moins heureux avec la jeune Zénobie, cette belle Zénobie, qui étoit l'idole de son ame, & à laquelle il n'eut pas renoncé pour l'Empire de tout l'Orient. Ali avoit tué en combat singulier le frere de Zénobie. Mahomet refusa de punir le meurtrier. Zénobie irritée résolut de venger sur son époux le sang de son frere. Elle empoisonna une épaule de mouton, & invita le Prophête à venir souper chez elle. Mahomet, qui préféroit les épaules de mouton aux mêts les plus délicieux, mangea avec avidité de celle qui lui étoit servie. Bashar, son favori, en mengea aussi, mais il tomba au même instant dans d'affreuses convulsions, & expira sur la place. Mahomet éprouva les mêmes convulsions, & parvint à force de secours, à rendre le poison ; mais le coup mortel étoit porté ; il mourut trois ans après Bashar. Les Mahométans assurent que l'épaule de mouton parla à Mahomet, dès le second morceau qu'il en mangea ; mais le miracle étoit inutile, le poison avoit opéré. Mahomet demandant à Zénobie quel motif l'avoit portée à cette atrocité ? *J'ai pensé*, répondit froidement Zénobie, *que si vous étiez véritablement Prophête, vous vous appercevrez aisément du poison ; & que si vous ne l'étiez pas, nous serions bientôt délivrées de votre tyrannie.* Ce raisonnement étoit fort, & surtout dans la bouche d'une amante adorée. Mahomet en fut pétrifié ; il soupira de rage, & n'osa se venger : cruellement offensé, mais éperduement amoureux, il se contenta de renvoyer Zénobie à ses parens. Quelque tems après, & peu de jours avant que de mourir, Mahomet appercevant la mere de Bashar, il lui dit: *Hélas ! mere Bashar, le poison de*

Zénobie, qui fut si fatal à son fils, n'a pas cessé de me visiter de tems en tems depuis ; mais à présent, je sens les veines de mon cœur se rompre par sa violence.

Ni l'activité de ce poison, ni les tourmens qu'éprouva Mahomet, ne l'empêcherent pourtant pas de joindre à ses vingt-six épouses un essaim de concubines qu'il aima, qu'il idolâtra aussi passionément qu'il adoroit ses femmes. Elles lui furent toutes fidèles & soumises. Aucune d'elles ne lui donna ni rival ni poison. Les plus distinguées, celles que les Mahométans révèrent comme les confidentes & les dépositaires des secrêts les plus intimes de Mahomet, furent, la séduisante Ribana, Juive d'une grande beauté, qui persista quelque-tems dans le Judaïsme, mais qui persuadée enfin par l'éloquence, l'énergie & les grandes actions de son amant, embrassa l'Islamisme, & devint un des Interprêtes les plus éclairés du divin Alcoran ; Shirim, belle Copte, dont les tendres baisers retiroient Mahomet de la profonde léthargie où l'avoit enseveli la présence soudaine de l'Ange Gabriel ; Marie la Copte, plus radieuse que l'aurore, & dont les premieres faveurs avoient donné tant de chagrin à Mahomet ; car ayant défendu la fornication par un chapitre exprês de l'Alcoran, & ayant vû ensuite la belle Marie, il ne put résister au pouvoir de ses charmes,

& malgré l'Alcoran, il coucha avec elle une nuit qu'il avoit promis de donner à Ayesha & à Haffa. Celles-ci inquiêtes de n'avoir pas vû le Prophête, découvrirent la caufe qui l'avoit retenu ; on prétend même que Haffa le furprit couché avec Marie. Elles lui firent des reproches fi vifs, que Mahomet leur promit de ne plus voir Marie, & de la renvoyer ; mais fa paffion lui fit bientôt oublier fes fermens. Il revint à Marie, & paffa un mois tout entier avec elle : enfuite, pour fe juftifier auprès des Mufulmans & de fes femmes, qui murmuroient hautement de fon inconduite, il fit defcendre du ciel le chapitre 66e. de l'Alcoran, par lequel Dieu approuvant fes actions & fes amours, lui permet de fe dégager de fes fermens, pour fi peu qu'ils gênent fes inclinations.

Outre la belle Ribana, Shirim & la Copte Marie, Mahomet fut encore l'amant de deux jeunes Egyptiennes & d'une quantité prodigieufe d'autres concubines, que *fa main droite poffe´da*, felon le ftyle de l'Alcoran, & qui régnèrent tour-à-tour dans fon cœur.

Tant de femmes, tant de maitreffes, tant d'excès fcandaleux, & que le Prophête lui-même eut puni dans tout autre, ne purent éclairer fes imbéciles Sectateurs. Il leur paroiffoit étonnant, à la vérité, qu'un Prophête, un Apôtre, l'ami de Gabriel, le confident de Dieu, eut des mœurs en apparence aussi corrompues ; qu'il enlevât à ses disciples, à ses amis, à ses esclaves, toute femme ou toute jeune fille qu'il trouvoit à son gré : mais ses révélations les arrêtoient, ses visions les désarmoient ; les chapitres de l'Alcoran, que le ciel envoyoit exprès pour le justifier, éloignoient d'eux toute idée prophane, tout jugement trop libre, & ils disoient : *il vaut beaucoup mieux croire que la concupiscence n'est pas un mal, l'impudicité un vice, l'adultére & l'inceste des crimes, puisque notre grand Prophéte y est sujet, que de penser que puisqu'il est impudique, adultére, incestueux, il n'est pas un grand Prophéte.*

CHAPITRE XXXVI.

Mahomet fut-il superstitieux, fanatique, ou imposteur ? Son caractère.

UN Écrivain très-estimable, M. Deleyre, a dit, dans l'article FANATISME de l'*Encyclopédie*, que *Mahomet fut d'abord un fanatique, & puis un imposteur*. J'ignore sur quels faits l'Auteur de cet article a pu fonder ce prétendu fanatisme. Je ne vois dans la vie de cet homme hardi qu'une suite réfléchie d'actions éclatantes & de crimes heureux, de démarches sagement combinées, d'entreprises profondément méditées, exécutées à propos, & conduites avec art. Dès ses plus tendres années je le vois rassembler les divers matériaux de l'édifice qu'il se propose d'élever : il prévoit tous les obstacles qui pourront l'arrêter ; il les prévoit, & sçait les applanir. Il ne hazarde rien ; il commence, à l'exemple des grands Législateurs, par proposer en secret le plan de sa législation à quelques amis qu'il séduit, avant que de songer à éblouir la multitude. Il ne renverse les idoles qu'après avoir inspiré aux Arabes du mépris pour le culte que jusqu'alors ils leur avoient rendu. Il va, loin de la Mecque, s'éclairer chez le

Moine Sergius, & puiser à Bostra les connoissances qui lui manquent, pour former un sistême de religion propre à lui captiver les différentes nations de l'Orient. Il étudie les vices & les préjugés de ses compatriotes, les caractères des peuples voisins de l'Arabie ; les passions qu'il faut exciter ou calmer à propos & suivant les circonstances, pour faire tour-à-tour passer les hommes de la terreur à la crédulité, de la superstition au fanatisme, des préjugés à la demence. Ce n'est enfin que quand il ne peut plus douter du succès, qu'il annonce sa mission, sa doctrine, & ses loix.

Ce n'est point là certainement le caractère d'un fanatique. L'enthousiaste ne connoit ni les précautions, ni la prudence, ni les ménagemens. Le fanatique adopte avec transport les erreurs qui l'égarent ; mais il n'invente point ; il est trop agité, trop enflammé, trop plein des sentimens qu'on lui a inspirés, pour avoir des idées à lui. Qu'on examine toutes les sectes qui ont égaré les hommes, & l'on n'en trouvera aucune qui ait été fondée par un fanatique, quoique le fanatisme soit au progrès des sectes ce que les rayons du soleil font à la végétation. Les innovateurs ont tous été ou des ambitieux, ou des fourbes : Mahomet a été l'ambitieux le plus hardi & l'imposteur le plus adroit qui ait encore existé : or, le fanatisme exclut essentiellement l'un & l'autre de ces vices.

Le Vieux de la Montagne, qui du haut de ses rochers envoyoit au-delà des mers poignarder les Souverains, n'étoit rien moins qu'un fanatique; mais il avoit l'art d'inspirer le fanatisme à des superstitieux dont il faisoit des assassins, toujours prêts à immoler ceux qu'il leur désignoit. Si ce n'est pas d'après la frénésie de ses cruels émissaires qu'il faut juger le Vieux de la Montagne, c'est beaucoup moins encore d'après le zèle outré des Musulmans qu'on doit se former une idée de Mahomet. C'est d'après sa conduite, ses actions, ses conquêtes, sa législation; & l'on verra alors qu'aulieu d'avoir été *d'abord un fanatique & puis un imposteur,* il commença par être ambitieux, qu'il fut ensuite fourbe, & qu'il finit par se jouer ouvertement & du ciel & des hommes. Mahomet, en un mot, avoit toutes les qualités, tous les talens & tous les vices qui lui étoient indispensablement nécessaires pour réussir chez les Arabes.

L'ambition & l'amour du plaisir furent les deux passions dominantes de Mahomet. L'étendue de ses projets & le mépris qu'il eut pour l'honneur, la vertu & l'humanité même qu'il sacrifia à ses vues, prouvent assez l'excès de son ambition. L'étonnante multiplicité de ses femmes & de ses concubines est

& les Superstitions.

est une démonstration complette de ses débordemens. Ses meurtres, ses assassinats, la quantité prodigieuse de malheureux qu'il immola, indiquent quelle fut la férocité de son ame. Ses visions supposées, ses prétendues révélations, & son attention à faire intervenir Gabriel & la Divinité en toute occasion, & toujours pour approuver ses crimes, découvrent son hypocrisie, son imposture & son impiété. Les Mahométans ne cessent de parler de sa justice, de sa clémence, de sa sobriété : l'Alcoran & sa vie parlent plus hautement, & déposent en même tems & contre Mahomet & contre l'imbécile aveuglement de ses Sectateurs.

Je suis persuadé que tout entier à son ambition, & toujours occupé des moyens de remplir ses projets, il ne se montra point aussi odieux que la plûpart des Ecivains Européans l'ont dépeint : je crois même qu'il eut des vertus apparentes : eh s'il n'eut pas feint d'en avoir, pourroit-on le taxer d'imposture ? eut-il joué le rôle d'un hypocrite ? Il parloit peu, disent encore les Musulmans, il étoit d'un humeur égale, familier même dans le commerce ordinaire, accomodant, civil & complaisant : je le crois bien ; comment eut-il séduit les Arabes, s'il se fut montré à eux sous les traits d'un tyran ? C'est par les dernières années de sa vie, & quand il eut

Tome II. P

réussi dans ses vues, qu'il faut juger de son caractère. Or, alors il ne contraignit plus ses penchans ; alors il se montra cruel jusqu'à la férocité, vindicatif, infléxible, barbare ; ce fut seulement alors qu'il passa toutes les bornes de l'impiété, de l'audace & des débordemens. Mais pourquoi se seroit-il contraint ? Ses stupides Disciples étoient persuadés que Dieu lui-même envoyoit chaque jour l'Ange Gabriel approuver ses débauches, ses crimes & ses usurpations.

CHAPITRE XXXVII.

Si Mahomet étoit né de nos jours, dans quels pays pourroit-il se flatter de fonder sa religion ?

Partout où la superstition, l'erreur, les préjugés aviliroient les mœurs, dégraderoient la raison, étoufferoient la lumière des arts, proscriroient la science, & régneroient impérieusement sur les esprits & sur les cœurs. Partout où plus puissante que les loix, la superstition seroit sans cesse en contradiction avec l'autorité suprême. Partout où la terreur & la crédulité de l'ignorance auroient permis à l'erreur d'élever son trône despotique au-dessus du trône légitime. Partout où volontairement assujettis à une législation qui ne seroit point celle de l'état, & qui seroit opposée à celle de l'état, les auteurs, les défenseurs, les hérauts des superstitions, plus craints, plus respectés que le Prince, les chefs & les juges de la nation, formeroient de proche en proche des essaims dangereux, toujours prêts à se rallier, toujours prêts, au moindre signal, à souffler l'esprit de fanatisme, le poison de la discorde, le feu de la sédition. Partout où ces pernicieuses associations seroient presque aussi nombreuses que le reste des classes des citoyens. Partout enfin où l'instruction du peuple & l'éducation de la jeunesse seroient confiées à des têtes étroites, à des esprits attrabilaires qui donneroient de Dieu l'avilissante & fausse idée qu'ils s'en formeroient eux-mêmes ; qui dans les accès frénétiques de leur zèle mal entendu, peindroient l'être suprême sous les traits d'un farouche despote, toujours prêt à punir, toujours prêt à détruire ; qui ne feroient connoître de sa toute-puissance que les fléaux qui ravagent la terre ; qui aulieu d'unir les hommes par les liens sacrés de la concorde, les exhorteroient à vivre perpétuellement isolés les-uns des autres; qui proscrivant, anathématisant au nom de Dieu, qu'offenseroient sans cesse leurs discours fanatiques, la douceur, la bienfaisance, la sociabilité, troubleroient l'imagination de ceux qu'ils devroient instruire, étendroient & accréditeroient, autant qu'ils le pourroient, la barbare doctrine du Suicide, en plaçant exclusivement la vertu, la vraie piété dans les austérités, les minutieuses folies & les macérations.

Mahomet répandroit encore sa doctrine, annonceroit ses visions, persuaderoit ses dogmes dans un pays où le peuple irrité par l'orgueil, indigné par l'avidité, révolté par l'hypocrisie, l'ingratitude, l'injustice & l'extrême licence de ceux qui devroient l'éclairer, l'édifier, l'inftruire, gémiroit fous le joug tyranique qu'ils lui auroient impofé. L'Apôtre de Médine raconteroit avec fuccès fes fables & fes impoftures dans ces malheureufes contrées où le peuple ne voit, aulieu de la vérité qu'on lui cache, que des erreurs groffières qui lui font détefter ceux qui les lui préfentent.

Mais Mahomet, ainfi que tout innovateur, échoueroit en Europe, où le culte le plus pur, une religion fimple & augufte par fa fimplicité, des dogmes lumineux, des préceptes fublimes, toujours d'accord avec les loix établies, avec l'attachement des peuples à leurs conftitutions; enfin, où la tranquilité publique affurée & les vertus fociales protégées par tant d'heureux moyens, ne lui laifferoient que la honte d'avoir formé d'audacieufes entreprifes, des projets odieux.

C'eft donc ailleurs, loin de l'Europe, c'eft au-delà des mers, chez des peuples enfévelis encore dans les ténébres de l'idolâtrie & dans l'yvreffe des fuperftitions, que Mahomet & ceux qui voudroient l'imiter, annonceroient avec fuccès une nouvelle doctrine. Voulez-vous fçavoir chez quelle nation pourroit facilement s'introduire un nouveau culte, quelque abfurde qu'il fut ? Allez fur les rives du Gange, & voyez jufqu'à quel point la fuperftition peut abrutir &

subjuger les hommes. Lisez Marini & du Halde : voici quelques-uns des traits qu'ils racontent au sujet des dangers de la superstition, quand elle est parvenue à un certain dégré de folie, d'épidémie & d'autorité.

On trouve au-delà du Gange, dit Marini, le Royaume de Lao. Cette contrée située sous le plus heureux climat, est habitée par les Lanjans, nation douce, simple, honnête envers les étrangers, bienfaisante envers tous, & qui seroit ingénieuse, si on ne prenoit soin de la laisser végéter dans l'ignorance, de l'effrayer sans cesse par les superstitions.

Les Lanjans, mal instruits & plus mal gouvernés, sont indolens & ennemis de tout travail utile : ils ne connoissent que très-imparfaitement les arts & les sciences : leur vie est molle, oisive ; ils aiment la débauche, & sont passionnés pour les femmes, jusqu'à périr d'épuisement. Un penchant bien plus pernicieux encore, c'est leur entêtement pour la magie & pour les sortiléges. Cette inclination est si forte en eux, & surtout chez les Grands, qu'elle leur fait commettre des crimes qui font frémir l'humanité. Ils croyent que le moyen le plus sûr de se rendre invincibles, est de frotter la tête de leur éléphant avec du vin mêlé avec quelques goutes de bile humaine. Cette folle opinion engage les plus riches à employer des scélérats, qui, pour un très-petit salaire, vont dans les bois à la chasse des hommes. Ils tuent le premier qu'ils rencontrent, homme, femme, Prêtre, ou Laïque, lui fendent le ventre, & en arrachent la vessie du fiel. Si l'assassin est assez malheureux pour ne rencontrer personne dans sa chasse, il est obligé de se tuer lui-même, sa femme ou son enfant, afin que celui qui l'a payé ait de la bile humaine.

A la doctrine de la métempsycose les Lanjans ont mêlé mille opinions ridicules sur l'état de l'ame après sa séparation d'avec le corps. Il y a cependant des écoles publiques à Lao, & ces écoles sont divisées en trois classes principales. On enseigne dans la première une prodigieuse quantité d'absurdités sur l'origine du monde, des hommes & des dieux. Dans la seconde, on explique la religion de Chaca, ou la nouvelle loi. La troisième est remplie par les Illuminés, qui s'occupent à concilier les principes opposés & les opinions contraires, à interpréter les passages douteux, à applanir les difficultés, c'est-à-dire, à surcharger la religion de fables monstrueuses.

Les Talapoins, Professeurs de ces écoles, sont aussi les Prêtres du pays & les maitres de tout. Ces Talapoins, fourbes insignes, forment dans le Royaume une classe aussi nombreuse que le reste des Lanjans : ils gouvernent cruellement le peuple, & font trembler le Prince même sur le trône. Ils passent à Lao, pour les hommes les plus perfides du Royaume. Ils sont tous, ou presque tous, de la lie du peuple. Ils n'ont rien du tout à faire, & ils regardent l'industrie comme un vice deshonnorant. Leurs monastères, dit toujours Marini, sont autant d'affreux repaires de débauchés, de vicieux, de scélerats dans tous les genres. Plus ils sont ignorans & de naissance obscure, plus ils deviennent insolens, quand ils sont revêtus du manteau de leur ordre. Ils ont l'ame féroce, le cœur dur & cruel. Ils se consacrent à la vie religieuse dès l'âge de quinze ans : leur noviciat est long ; ils passent par beaucoup d'épreuves avant que de s'engager solemnellement à vivre desormais parmi les Talapoins. Mais malgré la solemnité de leur profession, ils peuvent, quand ils le jugent à propos, rentrer dans l'état séculier, se marier, & se retirer ensuite dans leurs monastères.

Les couvens des Talapoins sont vastes, riches, décorés par le luxe, & toujours deshonnorés par le crime & les débordemens. L'appartement du Supérieur-Général de cet ordre est un palais superbe, plus somptueux que celui du Monarque, comme aussi le trône de ce Supérieur est de quelques dégrés plus élevé que le trône du Roi. Ce n'est pas le plus honnête des Talapoins, car aucun d'eux ne l'eſt; mais le plus intriguant & le plus débauché qui obtient cette importante dignité.

Les Talapoins excercent ſur le peuple l'autorité la plus étendue, & la plus tyrannique. Toujours graves, ſévères, dédaigneux, ils affectent un air fier, & plus audacieux encore qu'ils ne le ſont réellement, quoiqu'ils ſoient effrontés au-delà de toute expreſſion. Avides d'honneurs & de richeſſes, ils veulent qu'on ait pour eux de la vénération, & qu'on ſoit toujours prêt à ſe dépouiller de tout en leur faveur. Ils ne demandent pas ; ils exigent impérieuſement, & malheur à quiconque héſiteroit de leur donner.

Ce ſont là les Talapoins des villes ; ceux des bois ſont mille fois plus dangereux & plus inſociables. Ils habitent, diſent toujours du Halde, Kempfer & Marini, des ſouterrains creuſés dans les forêts, lieux très-propres à cacher l'atrocité des crimes qu'ils commettent, & la brutalité de leurs débordemens.

C'eſt pour s'abandonner plus librement à leur perverſité qu'ils ſe ſont retirés dans ces antres ; mais peu-à-peu les femmes s'y ſont rendues en ſi grand nombre, qu'actuellement ces retraites forment des colonies fort peuplées, où il ne manque que des mœurs & de l'humanité. En un mot, le nombre de Talapoins des villes & des bois s'est si fort accru, que craignant de devenir pauvres, ils apprennent depuis quelques années, toutes sortes de métiers, & qu'ils empêchent les citoyens d'exercer les mêmes professions.

Deux causes, observe Marini, conservent & augmentent la grande autorité des Talapoins; la haute idée qu'on a de leur habileté dans la magie, & la crainte perpétuelle qu'ils inspirent au Roi, qui, malgré lui, les protège & leur obéit, jusqu'à s'incliner devant eux toutes les fois qu'ils se présentent. Il est vrai que le Roi a sur eux une apparence de suprématie; c'est lui qui fixe les jeûnes, les fêtes & l'appareil des cérémonies: mais il n'oseroit faire ces réglemens, sans avoir consulté les principaux de l'ordre.

Les Talapoins profitent, avec beaucoup d'adresse, de la crainte qu'on a de la puissance de leurs sortilèges, qu'ils donnent & ôtent à leur gré, & suivant les sommes qu'on leur offre. Ils se font regarder aussi comme de grands faiseurs de miracles; & c'est par miracle qu'ils prétendent guérir toute espèce de maladie. Quand un Lanjan pauvre est malade, les Talapoins s'engagent à le guérir, pourvû qu'il leur donne du ris autant qu'il pèse; & alors il lui envoyent un de leurs vieux habits, dont le seul attouchement doit rétablir le malade, fut-il à son dernier instant. Mais comme il est très-rare que cet habit miraculeux guérisse aucune maladie, les Talapoins ne manquent pas de s'en prendre à l'avarice du Lanjan, qui n'a pas donné assez aux saints Religieux, & à son incrédulité qui a repoussé le miracle. Le peuple sçait à peu-près ce qu'il doit penser de cet excès d'hypocrisie & d'impiété ; mais il n'ose rien dire : son repos dépend de son silence & de sa soumission : elle est telle, que les Lanjans les plus distingués, s'empressent de rendre aux Talapoins les services les plus vils ; & ces services sont reçus avec une arrogance mille fois plus humiliante que les services même. Les grands, les riches & jusqu'aux Princes, vont en hyver couper dans les forêts du bois, qu'ils portent publiquement sur leurs épaules dans les monastères ; & en Eté ils vont cueillir des simples & des plantes aromatiques, qu'ils donnent à ces Religieux, afin qu'ils puissent se baigner plus voluptueusement.

Le revenu le plus considérable des Talapoins est l'offrande publique qu'ils reçoivent pour l'idole Chaca, vers le commencement d'Avril. Ce jour est ruineux pour les riches Lanjans, parceque leur offrande doit être d'or, d'argent, ou tout au moins en étofes très-riches.

Le peuple de Lao n'est pas précisément

athée; mais il n'a aucune idée fixe de l'être suprême; il ne croit pas non-plus au pouvoir de Chaca; mais il fait semblant d'y croire, parcequ'il seroit dangereux de parler avec irrévérence des fables & des avantures annoncées par les Prêtres, qui, au fond, pourvû qu'ils soient craints, s'embarrassent très-peu de la manière de penser des Lanjans: aussi tous leurs sermons tendent-ils à persuader à leurs auditeurs l'excellence & la sublimité des Talapoins, leur étonnante habileté dans la magie, la nécessité où l'on est pour vivre heureux dans cette vie, & beaucoup plus dans l'autre, de leur donner ses biens, ses soins, & s'il le faut, sa vie, de ne point tuer, de ne pas commettre l'adultère, de ne point mentir, de ne point dérober, & de ne pas boire du vin. Quant à ceux qui ont transgressé ces commandemens, ou qui sont dans l'intention de les violer, il leur suffit d'aller trouver les Talapoins, & de leur en payer fort cher la dispense ou l'expiation. Ces Prêtres imposteurs n'accordent jamais de dispense que pour un seul précepte à la fois, & pour un certain tems; ensorte que quand le tems est passé, il faut venir encore demander la permission de tuer, de commettre l'adultère, de mentir, de dérober, ou de boire du vin. Ces dispenses sont des actes écrits, avec un stile de fer, sur des feuilles de palmier, en caractères tout-à-fait indéchifrables.

Je trouve dans Kempfer & dans Marini, deux faits qui peignent bien l'insolence & la cruauté des Talapoins. Un jeune homme, dit Kempfer, occupé de quelque grande affaire, passe, sans y faire attention, devant un Talapoin, & il ne se prosterne point, suivant l'usage des Lanjans. Le Prêtre furieux ordonne qu'on l'arrête, & le fait assomer à grands coups de pieu. Les parens de ce malheureux se plaignent de cette violence. Une foule de Lanjans ameutés par les Prêtres, prennent le parti du Talapoin, & forcent le Juge à prononcer en sa faveur; le Juge-même loue publiquement cet assassinat, comme une action généreuse, faite pour l'honneur de la religion & pour celui du sacerdoce.

Un Talapoin, raconte Marini, ayant formé le dessein de dérober des bracelets d'or que portoient deux jeunes personnes d'une naissance distinguée, se glissa dans leur maison, à la faveur des ténèbres, vers les dix à onze heures de la nuit; là, pensant qu'elles étoient seules dans leur appartement, il les poignarda l'une & l'autre, & puis il fouilla dans la chambre: mais il fut très-surpris d'appercevoir une jeune fille cachée dans un coin, il alloit à cette servante pour la poignarder aussi, quand elle s'élança par la fenêtre dans la rue. Cette fille donna l'allarme au voisinage: le Talapoin voulut prendre la fuite; mais il fut découvert & reconnu par plusieurs personnes, qui pourtant n'oferent s'oppofer à fa fuite : car à Lao, c'eſt un crime d'arrêter ou de battre un Prêtre, quelque fcélérat qu'il foit. Le Talapoin fut cité à comparoître devant le Roi ; il nia, & offrit de fubir l'épreuve. Le Roi ordonna qu'il pafferoit fept jours dans les bois, & que s'il n'étoit point attaqué par les ferpens, ni par les bêtes féroces, il feroit déclaré innocent. L'affaffin efcorté d'une foule d'efclaves chargés de le défendre & de le garantir de tout accident, alla dans la forêt, & en revint fans avoir éprouvé aucune facheufe avanture. Le Roi bien convaincu cependant que c'étoit lui qui avoit poignardé ces deux jeunes filles, déclara qu'il falloit croire qu'un diable, en haine de la religion, avoit pris la figure de ce faint Talapoin, & avoit commis l'affaffinat. Le Prêtre juftifié fit condamner la fervante à un efclavage perpétuel, fans que le Roi osât intercéder pour elle.

Quand un Lanjan diffère de payer le tribut, le Roi l'oblige de fervir les Talapoins, auxquels il donne auffi des bourgs & des villes entières avec tous leurs habitans, qui dèslors deviennent ferfs des moines, fervitude fi cruelle, que plufieurs aiment mieux fe donner la mort, que d'avoir de tels maitres. En 1640, pendant le féjour de Marini à Lao, on découvrit un Talapoin, qui, avec beaucoup de complices de fon monaſtère, faisoit & repandoit de la fausse monnoie. Le Roi, ménacé par le Général de l'ordre, fit cesser les poursuites, & par un édit exprés, il condamna l'avarice des Lanjans, qui ne subvenant pas aux besoins des saints Religieux, les avoit obligés de frapper de la fausse monnoie.

A ces traits, & à mille autres de cette espèce, rapportés dans les relations des Voyageurs que j'ai cités, il est aisé de voir combien la superstition est aujourd'hui plus accablante à Lao, qu'elle ne l'étoit autrefois en Arabie, quand Mahomet y fonda sa doctrine. Les Arabes dumoins ne gémissoient que sous leurs propres erreurs, sous le joug des préjugés publics, que chacun avoit la liberté d'adopter ou de rejetter ; aulieu que lesLanjans sont forcés de croire aveuglement à leurs fables, quelque contraires qu'elles soient au repos des particuliers. Aussi, pour renverser l'édifice sacrilège des Talapoins, Mahomet n'auroit-il pas besoin de l'autorité des miracles, ni de l'appui des visions, ni de l'intervention de l'Ange Gabriel. Il lui suffiroit de former une ligue entre le Prince & ses Sujets, contre un ordre également odieux à l'autorité royale, aux droits & à la liberté de la nation : il lui suffiroit de substituer à l'extravagance des dogmes annoncés par les Talapoins, des préceptes plus doux, plus analogues au caractère efféminé du peuple.

Je crois même que comme il n'y a point de gouvernement plus vicieux, & où la superstition règne auſſi despotiquement qu'à Lao, que comme il n'y en a point où le peuple ſouffre plus impatiemment l'orgueil & l'inſolence des fourbes qui le gouvernent; je penſe, dis-je, qu'avec moins de génie, de talens, d'adreſſe & d'impoſture que n'en eut Mahomet, il ſeroit très-facile de ſéduire les Lanjans, & de les diſpoſer à recevoir un culte tout oppoſé à celui de Chaca. Mais la même cauſe qui rend Lao ſi favorable aux projets des innovateurs, rend actuellement auſſi toute contrée Européane peu acceſſible aux innovations en matière de culte.

Vers le commencement de ce ſiècle, il exiſtoit au fond de l'Allemagne un canton où la philoſophie n'avoit pas encore pénétré. Ce coin de terre habité par des hommes ſimples, ignorans & très-ſuperſtitieux, eu égard au reſte des Europeans, ſembloit offrir des avantages à l'établiſſement d'une ſecte nouvelle. Un homme ambitieux, bizarre, & d'un jugement faux, imagina d'y fonder une légiſlation, d'y établir, à la faveur de la ſuperſtition, de la terreur, de l'ignorance, de l'erreur & des vices, une doctrine impie, & de s'y attacher par l'attrait des plaiſirs & par la ſéduction de l'enthouſiaſme, une foule de diſciples. Il ne réuſſit pas, ou du-moins ſes ſuccès ne furent que momentanés : il avoit cependant tout autant d'élod'éloquence, d'art & de fourberie qu'il en falloit pour embrafer fes fectateurs des feux du fanatifme ; mais il ne trouva point affez de fuperftition dans fa patrie, ni chez les divers peuples où il alla porter fes erreurs & fes folies, pour faire adopter fes dogmes, fes opinions & fes égaremens.

J'ai préfenté ailleurs quelques traits de la vie de cet homme fingulier ; je les rapporterai ici, parcequ'ils me paroiffent très-propres à terminer un ouvrage, dont le but eft moins de combattre les erreurs & les fuperftitions, que de faire connoitre leurs dangers & les maux qu'elles peuvent caufer.

CHAPITRE XXXVIII.

Quels furent les égaremens, les erreurs, les faux principes & les dogmes du Comte de Zinzendorff, Chef de la secte des Hernhutes ?

COMME il y a eu des malheureux que l'inconduite & la prodigalité ont plongés dans l'infortune, il y a eu aussi des hommes que des penchans trop faciles ont éloignés de la vertu. Sans doute ils ont été coupables ; mais si dans leurs égaremens ils n'ont point offensé les loix de la nature ; si le torrent des passions humaines ne les a point entrainés dans le crime ; enfin si leurs défauts n'ont pas été funestes à la société, c'est les punir avec trop de rigueur que de déchirer le voile qui couvre leurs desordres. S'il y a de l'injustice à publier leurs vices, n'est-il pas mille fois plus odieux encore d'aller fouiller dans leurs tombeaux, de chercher à les couvrir du mépris public, de les dévouer à la haine de leurs contemporains & à l'exécration de la postérité ? C'est l'outrage fait aux loix, ce sont les efforts des méchans, les complots des imposteurs, les fureurs du fanatisme, qui doivent allumer la colère du Sage. Il est trop important de prémunir les hommes contre ces ennemis de l'ordre & de l'humanité, pour n'opposer qu'une pitié philosophique aux progrés de leur audace. Dévoiler leurs motifs, leur folie & leurs crimes, c'est détruire d'avance les erreurs que de nouveaux Enthousiastes voudroient répandre dans la suite.

Avec quelle barbarie ils ont ravagé la terre ces tyrans, qui couvrant leurs vices du voile de la vertu, ont eu la perfide adresse de cacher, sous de trompeuses & séduisantes apparences, la profondeur de l'abîme où le prestige de leur séduction a entraîné la multitude !

Tel eut été le célébre imposteur dont je vais tracer l'histoire, s'il n'eût eu d'autre obstacle à surmonter que ceux qui retarderent les premiers pas de Mahomet. Le monde étoit enséveli, comme je l'ai prouvé, dans les ténébres de l'ignorance, lorsque le glaive en main, l'Inspiré de Médine alloit de contrée en contrée, persuader aux peuples ses rélations intimes avec l'Ange Gabriel. Le flambeau de la philosophie avoit fait disparoitre cette antique ignorance : depuis prés de deux siécles, les hommes éclairés n'étoient plus disposés à respecter comme des vérités les visions du fanatisme, quand M. de Zinzendorff foulant aux pieds les mœurs, les préjugés, l'autorité de la tradition, jetta les premiers fondemens de son absurde sistême. Ce fut alors qu'à la faveur des dehors respectables de la religion, il entreprit de s'ériger en réformateur du culte, & d'établir une secte nouvelle. Son zèle feint, l'activité de ses démarches, l'impétuosité de son imagination, ses talens, sa naissance, son caractère vicieux; que de moyens pour abuser de la crédulité publique ! Il les employa tous. Avec moins de ressources il eut formé dans d'autres tems des ligues redoutables. Son imposture n'a séduit qu'un petit nombre d'ames foibles. Il s'est éteint lui même, & n'a laissé d'autres vestiges de son existence que la crainte des maux qu'il a voulu causer.

George Louis, Comte de Zinzendorff, Conseiller Privé du Roi de Pologne, & la jeune Baronne de Gesdorff, son épouse, donnerent le jour à Nicolas-Louis, Comte de Zinzendorff, né le 29 Mai 1700. George-Louis étoit issu d'une ancienne Maison de la Basse-Autriche, où ses ayeux, Comtes de l'Empire, possédoient depuis longtems la charge héréditaire de Grand-Vèneur.

Six semaines après la naissance de Nicolas-Louis, George mourut : sa veuve s'affligea pendant près de quatre années; mais fatiguée enfin de répandre des larmes, elle éteignit sa profonde douleur dans les plaisirs d'un second mariage.

& les superstitions.

Le jeune Zinzendorff fut conduit dans la maison du Baron de Gesdorff, son Ayeul maternel : il y fut accueilli avec tendresse, & élevé avec tant de soin, qu'à l'âge de dix ans on le jugea capable de faire des études qu'un enfant commence rarement avant que d'avoir atteint sa quinzième année. Le Baron de Gesdorff envoya son petit fils à Halle, & confia son éducation au sçavant M. Frankes, Professeur aussi distingué par son érudition & la variété de ses connoissances, qu'il étoit respectable par ses mœurs & sa vertu. Mais Nicolas-Louis eut à-peine quitté la maison de son Ayeul, qu'oubliant les principes qu'il y avoit reçus, il ne songea qu'à profiter de tous les agrémens que lui offroit l'indépendance. Son ame impatiente dévançoit, s'il est permis de s'exprimer ainsi, les plaisirs que ses sens ne pouvoient connoitre encore. Son indocilité, ses goûts, son caractère firent bientôt répentir M. Frankes d'avoir admis un tel Elève au nombre de ses disciples : il se servit envain des moyens les plus propres à fixer cet esprit volage; ses efforts furent tous inutiles. Eh que peuvent sur une ame déterminément vicieuse les conseils de l'expérience, l'exemple des vertus & les leçons de la philosophie ?

Le jeune Comte de Zinzendorff nourrissoit dans son cœur des penchans trop opposés aux sentimens des Maitres qui veilloient sur son éducation, pour adopter des préceptes qui condamnoient tous ses désirs. On voulut réprimer le feu de ses passions ; mais ce fut inutilement qu'on employa, pour les rectifier, & la douceur des remontrances & la rigueur des menaces : l'indulgence & la sévérité ne servirent aucontraire qu'à développer plutôt le germe de ses vices. Fougueux jusqu'à la folie, ennemi de toute espèce de subordination, inquiet, inconstant dans ses attachemens, qu'il formoit, ou rompoit suivant ses goûts & ses caprices, il avoit déjà l'art de cacher, sous les dehors de l'indiscrétion & de la légereté, la fausseté la plus perfide, la plus profonde dissimulation.

L'amour, si ce n'est pas prostituer ce nom que d'appeller ainsi l'instinct de la débauche & le dégoût de la satiété, l'amour acheva de corrompre le cœur de Zinzendorff. Il n'avoit pas treize ans encore qu'il connoissoit déjà les excès de la licence, & les malheurs qu'entraine après soi le désordre. Quand la foibesse de son âge, son inconstance naturelle, ou le désir d'en imposer à ses parens & à ses maitres, le forçoient d'interrompre le cours de ses plaisirs, il se livroit à l'etude. Extrême dans tout ce qu'il faisoit, on ne pouvoit alors l'arracher de ses livres. La lecture des Poëtes exaltoit son imagination ; il aimoit infiniment furtout l'entaffement des figures, la pompe des expreffions, la hardieffe des images. Les hyperboles gigantefques, les métaphores outrées l'élevoient au-deffus de lui-même ; le ftile oriental le faifoit treffaillir. Il compofa fur ce ton, fauffement fublime, des cantiques facrés, fi finguliers & d'une telle extravagance, qu'on foupçonna quelque dérangement dans la tête de l'Auteur.

Deftiné par fa naiffance & par le vœu de fa famille à remplir une place diftinguée dans la magiftrature, M. de Zinzendorff fe rendit à Wirtemberg, & fe fit infcrire fur les régiftres de l'Univerfité : mais bientôt la fçience des loix lui parut aride & rebutante. Il étoit naturel qu'un homme fortement occupé du projet de renverfer les loix, & de n'en avoir d'autres que les égaremens de fa raifon, eut de l'averfion pour l'étude du droit. Auffi le jeu fut pendant une année la paffion dominante du Comte, il lui tint lieu d'étude & d'Univerfité : fon tems, fes revenus, fes meubles, fa fanté, tout fut facrifié à la fureur de ce nouveau penchant. Quand il n'eut plus d'argent, il joua fes livres ; quand il n'eut plus de livres, il fit des réflexions, & renonça au jeu pour le refte de fes jours.

Cependant, à mefure que l'âge & l'expérience développoient les talens, & étendoient les connoiffances du Comte de Zinzendorff, l'orgueil & l'ambition tiranifoient fon ame, & l'excitoient à s'élever, par quelque action éclatante & hardie, au-deffus de fes contemporains. Son efprit vif, impétueux, imagina bientôt les différens moyens qui devoient concourir au fuccès de l'entreprife la plus folle qui pût être formée dans un fiécle éclairé. L'exécution de fes projets dépendoit feulement de fon impofture & de fon impiété ; il ne s'agiffoit pour lui que de fe jouer du ciel, & de tromper les hommes; il fe flatta de réuffir.

Un extérieur fimple & décent, des mœurs en apparence auftères & pieufes, des méditations profondes & fréquentes, un zèle pur & défintéreffé, de longs difcours fur la vertu ; ce fut à la faveur de ce déguifement que M. de Zinzendorff crut pouvoir en impofer. Il annonça à fa famille qu'une vocation irréfiftible l'engageoit à embraffer l'état eccléfiaftique. Bientôt il crut, ou du moins il voulut qu'on penfât qu'il étoit devenu fçavant controverfifte & grand Théologien; il fe difpofa même à donner publiquement des leçons de théologie ; il en fit afficher l'annonce, & fut très-étonné de n'appercevoir perfonne dans fon auditoire. Il accufa les Profeffeurs de Wirtemberg d'avoir cabalé contre lui, & quittant cette ville ingrate, il commença le cours de fes voyages.

L'indifférence des Hollandois pour tout ce qui n'est pas relatif à leur commerce, n'engagea point le Comte à faire un long séjour dans cette République. Il vint en France, resta quelque mois à Paris, y chercha des enthousiastes, & n'y trouva que des hommes aimables, ingénieux ou sçavans. Il passa en Angleterre, étudia les mœurs & le génie des Anglois, visita toutes les églises, parcourut toutes les sectes, fut introduit dans les cercles les plus brillans, parut à la cour, fut peu frappé de son éclat, & n'admira dans la Grande-Brétagne que deux ou trois Quakers qu'il fréquenta beaucoup.

Après deux ans d'absence, le Comte Zinzendorff revint a Wirtemberg, & il confia au public le motif de ses courses, qu'il rapportoit à la nécessité de réformer le culte, & de proscrire les abus qui s'y étoient glissés. L'église de Wirtemberg ne voulut point se laisser réformer. M. de Zinzendorff sollicita vivement, repandit avec zèle des bruits défavorables à la réputation des Ministres qui s'opposoient aux nouveautés qu'il vouloit introduire, séduisit quelques femmes du peuple, & vit avec chagrin *que le tems de triomphe* n'étoit pas encore venu.

Tout autre que le Comte eut été dégoûté par tant d'inutiles démarches : il fut déconcerté ; mais il étoit trop vain pour être humilié. Les honneurs de l'épiscopat irritoient son ambition ; l'éclat de la thiarre éblouissoit ses yeux : il eut voulu, s'il eut été possible, s'élever à des rangs plus éminens encore : mais il n'y avoit aucune hyerarchie dans les lieux où il vivoit : d'ailleurs il n'aimoit pas assez la religion Romaine pour adopter ses dogmes. Il forma le dessein de se consacrer lui-même Evêque & Patriarche. Cette idée bisarre ne l'abandonna plus ; elle fut le principe de toutes ses folies. Enyvré de sa gloire future, il fit part de ses vues à la Baronne de Gesdorff, son ayeule, qui, réfléchissant sur la fragilité de la raison humaine, plaignit sincèrement l'état de son petit neveu, lui conseilla de prendre des remèdes, lui défendit de se livrer au délire de son imagination, &, pour le distraire, lui fit obtenir, en 1721, une place de Conseiller de Cour à Dresde.

M. de Zinzendorff se rendit dans cette capitale. La place qu'il devoit remplir, étoit très-importante ; les fonctions de sa charge exigeoient la plus grande exactitude ; aussi se livra-t'il à de pénibles occupations : il étoit de toutes les assemblées pieuses ; il exhortoit le peuple à avoir plus de zèle, & les Ministres à répandre une doctrine plus pure. Un jour qu'il étoit à l'église, plein de ferveur, il monta dans la chaire, en fit descendre le Prédicateur, & prêcha lui-même avec toute la véhémence d'un énergumène.

Son sermon ne convertit personne ; mais il fit beaucoup d'éclat. Les Pasteurs se scandalisèrent, & ses Collègues trouvèrent fort surprénant qu'un Conseiller de la Cour allât prêcher dans les églises. M. de Zinzendorff obligé de sortir de Dresde, se retira dans ses terres. La résistance du peuple, les censures des Ecclésiastiques, le peu de confiance que les Réformateurs inspirent communément aux habitans des grandes villes, le déterminèrent à prendre desormais des moyens plus sûrs & moins épineux que ceux qu'il avoit mis jusqu'alors en usage. Il établit sur ses terres une nouvelle forme de gouvernement ecclésiastique, & il se promit bien de ne quitter sa retraite, que quand il y auroit solidement fondé sa domination.

Il végétoit alors au fond de la Bohême un petit nombre d'insensés, qui prétendoient descendre de Jean-Hus. Ces malheureux, rassemblés dans la Moravie, croupissoient dans l'opprobre, & regardoient le mépris qu'on avoit pour leur inutile existance comme une preuve glorieuse d'une injuste persécution. Quelques-uns de ces froids enthousiastes, plus effrayés de l'indigence où ils étoient plongés, que flattés de l'honneur de souffrir avec constance pour la cause de Jean-Hus, supportoient avec impatience le poids de l'infortune, & soupiroient après l'instant où ils pourroient quitter le village de Schelen.

C'étoit une très-favorable circonstance pour M. de Zinzendorff que cette profonde misére des *Freres de Moravie*. Il se hâta de leur offrir un azile inacceffible aux traits de la persécution, & leur fit construire une église & quelques maisons dans sa terre de Berthelsdorff, où cinq à six familles Moraves ne tardèrent point à se rendre.

Comme ce n'étoit point par égard pour Jean Hus que M. de Zinzendorff avoit offert une retraite à ces étrangers, il les obligea d'abjurer leur ancienne doctrine, & les avertit de se difpofer à recevoir inceffamment une législation nouvelle. Mais des soins plus importans & toujours relatifs à ses projets ambitieux, ne lui permirent pas de donner aux affaires de cet établiffement tous les momens qu'il eut voulu pouvoir leur confacrer. Il étoit vivement épris de la jeune Comteffe de Reuff; il avoit déclaré sa tendreffe. Aimable, féduifant, fait pour plaire, il inspira plus d'amour qu'il n'en avoit lui-même, obtint le confentement du vieux Comte de Reuff, & époufa sa fille

Il étoit difficile que M. de Zinzendorff fit un choix plus heureux : un caractère tel que celui de sa jeune épouse fécondoit merveilleusement ses projets insenfés. Vive, peu spirituelle, crédule, & surtout éperduement amoureufe, elle se fit une douce loi de n'avoir d'autres opinions que celles de M. de

Zinzendorff. Aussi ce mariage le combla-t'il toujours d'une si grande satisfaction, que, dans la suite, quand la secte des Hernhutes eut pris des accroissemens, il institua une fête à son honneur : ses disciples solemnisent encore le jour de cette fête. Mais le bonheur d'être adoré d'une femme charmante n'auroit eu pour lui que de foibles attraits, s'il eut fallu lui sacrifier un seul des jours qu'il avoit destinés à ce qu'il appelloit *son docile troupeau*. Vers la fin de l'année 1722, il alla visiter ses disciples à Berthelsdorff. Le concours prodigieux de libertins & de fanatiques qu'attiroient de toutes parts la licence des mœurs & la plus infâme débauche, expressément autorisées dans ce gouvernement, avoit changé le hameau de Berthelsdorff en un bourg très-considérable : on le nomma le bourg d'Hernhut, nom qu'il donna à la nouvelle secte, & qu'il a pris lui-même de la montagne de Hutberg, au pied de laquelle il est situé.

Le Comte Zinzendorff jugeant, par la rapidité de ces premiers progrès, du dégré de puissance que son établissement pourroit avoir un jour, ne fut occupé que du soin de donner à ce tas d'esprits foibles & de cœurs corrompus des loix conformes à la superstition des uns & à l'extrême dépravation des autres. Mais avant que de tracer un code ecclésiastique, il crut devoir essayer ses talens dans ce genre par des ouvrages de spiritualité. Il publia un catéchifme, un livre de cantiques, fit imprimer la Bible qu'on nomme d'Ebersdorff, & traduifit en langue allemande le Nouveau Teftament. Tous ces écrits portent l'empreinte de la folie outrée de leur Auteur. Un ftyle faftueux, inégal, emphatique, des expreffions forcées, des principes hardis, des maximes fanatiques font les plus légers défauts qu'on trouve dans ces livres, d'ailleurs remplis d'abfurdités & des plus groffières erreurs.

CHAPITRE XXXIX.

Continuation du même sujet.

IMPATIENT de recueillir les applaudissemens qu'il croyoit dus à ses ouvrages, M. de Zinzendoff revint à Dresde en 1725. Mais aulieu des éloges qu'il s'étoit flatté d'y recevoir, il n'y essuya que des reproches fort amers & beaucoup d'humiliations. Tous les Ecclésiastiques se souleverent contre lui; les gens sensés se joignirent dans cette occasions aux Théologiens. Il défendit ses opinions, & sa défense fut si foible ou si maladroite, qu'elle acheva de le perdre auprès de ceux qui l'avoient regardé jusqu'alors comme un homme plus imprudent que malintentionné. Tranquille cependant au milieu de l'orage M. de Zinzendorff voyoit chaque jour augmenter les partisans de sa secte; & sans crainte des loix, il portoit de maison en maison, les fruits empoisonnés de sa doctrine & de ses dogmes. Il publia qu'il donneroit incessamment un écrit périodique sous le titre de *Socrate moderne*, & que dans cet ouvrage on le verroit rétablir les vérités fondamentales, qui depuis tant d'années tomboient en décadence. Le beau nom de Socrate, ce nom si respectable & si souvent profané par les Réformateurs, ne féduifit perfonne, & n'eut pas mis l'Innovateur d'Hernhut à l'abri des foudres eccléfiaftiques, s'il ne fe fut hâté de prévenir, par une prompte retraite, la condamnation que les Théologiens de Drefde s'étoient propofé de porter contre fa morale. Il vint rapidement à Berthelsdorff, en 1727, & ne s'y arrêta qu'autant de jours qu'il lui en falloit pour mettre en ordre l'ancienne lithurgie des Moraves, accommoder fa doctrine à la doctrine proteftante, chanter quelques cantiques, révéler quelques infpirations, & laiffer fes enthoufiaftes émerveillés de fa démence. Il quitta fon *troupeau*, traverfa plufieurs fois l'Allemagne, prêcha partout où il paffa, chercha des profélytes, & revint en 1729, accompagné de quelques Etudians de l'Univerfité de Yena, qui n'avoient pu réfifter à la peinture féduifante qu'il leur avoit faite des plaifirs qu'on goûtoit à Berthelsdorff.

C'étoit en effet, un tableau bien capable d'ébranler la vertu des jeunes gens, que celui du libertinage, non-feulement impuni ou toléré, mais formellement prefcrit par les loix eccléfiaftiques de ce Réformateur. Il annonçoit à fes difciples que n'y ayant pas moins de fainteté dans l'acte de la génération qu'il y en avoit dans le facrement de la communion, ils étoient obligés, pour fe rendre agréables à Dieu, d'abandonner leur ame

aux

& les Superstitions. 257

aux voluptés des sens. Il ordonnoit aux personnes mariées qui vouloient être reçues dans la classe des *Parfaits*, de cohabiter ensemble en présence des anciens des deux sexes. Ce n'est pas Dieu le Pere, disoit-il, qui est notre Dieu ; c'est Jesus Christ, en qui toute la Trinité est concentrée : ensorte qu'il n'y a qu'une seule personne qui, est tout à la fois, *mari, épouse & fils*.

Arrêtons-nous quelques momens sur les extravagances théologiques de M. de Zinzendorff.

Le Sauveur considéré comme femme, est représenté par la playe du côté, qui est le signe caractéristique du sexe feminin dans la divinité. Ainsi, lorsqu'il fut percé sur la croix d'un coup de lance, les ames des Hernhutes principalement sortirent en foule de sa blessure : aussi le Sauveur aime t'il les Hernhutes beaucoup plus que le reste des hommes ; & ceux de cette secte, pour plaire toujours infiniment à Dieu, n'ont autre chose à faire qu'à adorer le *cher petit agneau*, & prendre en qualité de substitut, la premiere femme avec laquelle ils jugent à propos de passer au saint acte de la génération.

Les opinions que M. de Zinzendorff a publiées dans ses écrits, sont mille fois plus impies encore ; & cependant ce sont ces mêmes opinions qui forment la doctrine

Tome II. R

de cette folle & très-ridicule secte. » Il y a, disoit & écrivoit le Comte de Zinzendorff, de la simplicité à vouloir persuader aux hommes, contre la raison & le bon sens, que la bible est écrite sçavament, avec quelque liaison de pensées, avec quelque méthode. Qui ne voit aucontraire que les idées y sont rendues d'un style de paysan, de pêcheur, ou de suppôt de douane... Tantôt c'est le style d'un bouvier, tantôt celui d'un charpentier, d'une poissarde ou d'un receveur : quelquefois on y trouve le style d'un sçavant consommé dans la cabale ; ailleurs celui d'un Roi ou d'un courtisan : on rencontre à chaque chapitre cette variété de ton, d'expression, de langage... Les Auteurs sacrés racontoient les faits tels qu'ils les connoissoient ; & si l'un de ces Ecrivrins les sçavoit autrement que les autres, ne falloit-il pas aussi qu'il les rapportât autrement ? Voilà pourquoi il est si ordinaire de trouver dans l'écriture sainte tant de choses évidemment contradictoires, même à l'égard des faits... C'est enfin un ouvrage si méprisable, qu'il ne mérite pas d'être foulé aux pieds, & qu'il n'est pas digne qu'un homme qui connoit les playes du Seigneur, y fasse la moindre attention ».

A l'égard des principes dictés par M. de Zinzendorff, ils se bornoient tous à ceux-ci.

» Il faut toujours s'exprimer de manière que l'on puisse se retracter en cas que le public ne soit pas bien disposé. Un homme n'est criminel que quand il se persuade qu'il commet effectivement une action criminelle ; desorte qu'il suffit, pour ne pas pêcher, de se persuader qu'on ne pèche pas. Ainsi, quiconque se croit bien confirmé dans la grace, peut tout faire sans la perdre, & se livrer, sans scrupule, à toutes sortes d'excès, pour rendre à la chair ce qui appartient à la chair ». Fondé sur ces détestables principes, M. de Zinzendorff prescrivoit aux jeunes filles, comme un devoir sacré, de se prostituer sous ses yeux, d'exciter les jeunes Hernhutes, de... La pudeur m'arrête & me défend de dévoiler cet horrible tissu d'abominations. Afin de cimenter plus étroitement l'union entre ses disciples, le Comte fit divers règlemens. En 1730, il défendit aux Hernhutes de se donner à l'avenir d'autres noms que ceux de *frere* & de *sœur* ; il voulut qu'ils se tutoyassent, & qu'il regnât entr'eux la plus intime familiarité.

Cependant la multitude qui ne juge ordinairement du danger ou de l'utilité des entreprises que par leur chûte ou leur succès, commençoit à regarder comme une pieuse association la fondation de Berthelsdorff. Le nom du Comte & la bisarrerie de ses innovations occupoient toute l'Allemagne ; les Docteurs écrivoient contre son sistême : les Grands tournoient en ridicule son autorité naissante & ses inspirations : les Universités censuroient sa morale : le peuple se rendoit en foule aux assemblées d'Hernhut, & le nombre des nouveaux prosélytes s'augmentoit de jour en jour.

Des fanatiques de Himbach (petit village situé dans la principanté d'Isembourg) reste de visionnaires qui avoient succédé aux anciens enthousiastes de Budingen, bourg du Haut-Isembourg, en Wetéravie, sollicitèrent M. de Zinzendorff de venir les instruire & rallumer leur zele. Le Comte part pour Isembourg, s'y rend, vole à Himbach, convoque une assemblée, y prononce un discours sur les grands avantages que la secte de Himbach & celle de Hernhut desormais réunies, offriroient à la religion. Les auditeurs entrainés par son éloquence, demandent à grands cris, l'exécution du plan de cette confédération. Fréderic Rock, leur chef, Sellier de Budingen, dresse & signe les articles de la réunion : M. de Zinzendorff les accepte, embrasse le Sellier, le prie d'être son ami, lui donne toute sa confiance, sort de Himbach, & va porter en Dannemark ses frénétiques visions.

Les Philosophes de l'antiquité, les Sages de la Grèce firent tous de longs voyages avant que de former leurs sistêmes. Les Sçavans de l'Egypte, les Gymnosophistes de l'Inde, les Artistes Phéniciens avoient instruit Anaxagore, Héraclite, Pythagore, Zénon, &c. M. de Zinzendorff qui croyoit fortement être sorti tout instruit des mains de la nature, avoit publié sa doctrine avant que de songer à s'éloigner de Berthelsdorff. A l'exemple des anciens Philosophes, il entreprit ensuite de pénibles voyages ; mais ce ne fut que pour repandre son fanatisme, ses erreurs & ses superstitions. Il assista, le 6 Juin 1731, au couronnement du Roi de Dannemark, & fut honoré du colier de l'ordre de Dannebrog. Il eut bien mieux aimé recevoir le serment de quelques nouveaux prosélytes ; mais les Dannois résisterent à ses exhortations : il revint à Dresde, & n'y fut pas plus heureux, quoiqu'il y prêchât tous les jours. Le peuple alloit en foule au lieu où il devoit parler, écoutoit les sermons, & huoit l'Orateur. Cette indocilité détermina M. de Zinzendorff à rompre tous les liens qui l'attachoient à Dresde. Il abdiqua, en 1732, sa charge de Conseiller de cour, & laissant à son épouse l'entière administration de ses biens, il ne s'occupa plus que des intérêts de sa secte.

Le récit de tout ce que le Comte de Zinzendorff a entrepris pour se faire des disciples, paroitroit fabuleux, s'il étoit possible de révoquer en doute les preuves qui constatent les divers traits de ses folies. Il envoyoit, à grands frais, des émissaires annoncer en tous lieux les progrès de la fondation d'Hernhut. Deux de ses disciples passerent, par ses ordres, au fond de l'Amérique, y firent sans succès des exhortations publiques, & furent obligés de revenir à Berthelsdorff. L'imbécile crédulité des habitans d'Hernhut, & le grand nombre de nouveaux fanatiques qui ne cessoient d'y aborder, consolèrent M. de Zinzendorff de l'accueil peu flatteur que les Américains avoient fait à ses envoyés. Il apprit, en 1734, qu'un riche Négociant de Stralsund, nommé Dichter, cherchoit un précepteur pour ses enfans : ses trésors tentèrent le Comte ; il se rendit à Stralsund, prit le nom de Feideck, se présenta à Dichter comme un sujet très-capable d'élever les jeunes gens, fut agréé, prêcha le même jour, & reçut le lendemain Dichter, *Frère Hernhute*. Ce n'étoit point là encore tout ce qu'il désiroit ; il falloit engager ce bon Négociant à quitter son commerce, à vendre tous ses effets, & à porter son argent à Berthelsdorff. Le Comte lui dit, de ce ton imposant qui lui avoit si souvent réussi auprès des ames foibles, de lui remettre au plutôt sa fortune, & de se hâter de le suivre dans la *voye de bénédiction*. Ses discours échaufferent tellement la tête du Marchand, que croyant obéir à Dieu-même, il confia sa caisse à M. de Zinzendorff, le suivit à Hernhut, enrichit, aux dépens de sa malheureuse famille, la fondation de Berthelsdorff, fut envoyé par le Comte sur les côtes d'Alger, y tomba dans une affreuse misère, au milieu de laquelle il eut le bonheur du conserver sa frénésie, & mourut de la peste.

Cependant le Comte de Zinzendorff, dans la vue de prévenir en sa faveur les nations qu'il se proposoit de séduire, fit imprimer, avant que de continuer le cours de sa mission, une prodigieuse quantité d'exemplaires d'une consultation qu'il avoit eu l'adresse de surprendre dans l'Université de Tubinge; & il répandit cette espèce de certificat dans les pays les plus éloignés. Il s'étoit flatté d'obtenir la prélature de Wirtemberg; mais il la sollicita vainement. Irrité de ce refus, il quitta l'Allemagne, se rendit en Angleterre, où il fit réimprimer sa consultation de Tubinge, chercha partout des disciples, & n'en put trouver aucun. Il revint en Hollande; en sortit; s'arrêta quelque tems en Soüabe, où il prêcha publiquement: mais ses sermons, quoique très-véhémens, ne séduisirent personne. On le vit dans la même année à Konigsberg, où pour l'honneur du Hernhutisme, il répandit une fort grossière imposture: il assura effrontément qu'il venoit de subir un examen très-rigoureux à Coppenhague, & *qu'il avoit laissé les Docteurs Ecclésiastiques tout étonnés de sa science, & convaincus de son orthodoxie.*

Telle étoit l'ambition de cet homme singulier, qu'il eut sacrifié sa fortune & sa vie à la vaine satisfaction d'étendre sa renommée. Il envoyoit de tous côtés des émissaires Hernhutes, qu'il décoroit du nom d'Apôtres. Dans le nombre de ces Missionnaires, il y en eut deux qui se distinguèrent beaucoup, Spangerberg, & David Nitschmann. Le premier faisoit sa résidence en Géorgie, & le second à Pétersbourg. Quelques autres chercherent à se fixer aux environs de Kiel dans le Holstein; mais le Souverain ne leur permit pas de s'y établir: ils se retirerent dans le Holstein Royal, où ils réçurent plusieurs Freres.

Le Comte eut bien voulu faire des prosélytes dans la Suéde; mais l'entrée de ce Royaume lui étoit interdite: il pressa, sollicita, fit parler vainement à S. M. Suédoise, & n'en put rien obtenir. On connoissoit en Allemagne les vues de M. de Zinzendorff: on voyoit la rapidité des progrès de son fanatisme; & cependant on ne songea à s'opposer à ses entreprises que vers la fin de 1736. Ce fut seulement alors que la Cour de Saxe nomma des Commissaires pour examiner les dogmes, les sentimens & la doctrine du Hernhutisme. Le Comte sentit le danger de l'examen, &

se garda bien d'attendre les Commissaires. Ils n'avoient point encore quitté la Saxe, qu'il étoit aux portes d'Amsterdam, où il resta deux mois. Son séjour en Wétéravie n'eut été que de très-peu de jours, s'il ne lui eut été expressement défendu d'entrer dans la Saxe, où il se proposoit de passer. Il ne s'arréta dans le château de Marienbourg qu'autant de tems qu'il lui en falloit pour faire les préparatifs de ses nouvelles courses. Arrivé sur les frontières de Wirtemberg, il prit le nom de Thurustein, & ce fut sous ce nom qu'il entra dans la Livonie, où il fut accueilli avec une espèce de vénération, tant il avoit été bien servi par ses émissaires. Ce fut là qu'il reçut le serment de quelques imbéciles qui adopterent ses erreurs, & se firent Hernhutes, sous la direction de la Générale Hallart. Le zele de cette femme, son enthousiasme, & sa vénération pour M. de Zinzendorff procurerent à sa secte un asile dans la petite ville de Wolmar. M. Fischer, Sur-intendant de Riga, lui fut encore plus favorable, & le fit prêcher plusieurs fois dans l'église de S Jacques: mais le Gouverneur trouvant de l'indécence dans cet excès de piété, s'en plaignit au Sur-Intendant, & fit sortir le Comte, qui alla à Revel continuer le cours de ses exhortations. Sa secte étoit très-florissante, & le nombre de ses disciples s'accroissoit chaque jour. Tout ce que l'Allemagne, la Russie, la Pologne, la Géorgie & l'Angleterre même avoient d'enthousiastes, d'insensés ou de cœurs corrompus, embrassoit le Hernhutisme. Les Danois furent presque les seuls qui résistèrent constamment aux avantages spirituels & à la vie toute licentieuse que le Comte leur offroit. Il fit beaucoup de démarches auprès du Roi de Dannemark, & croyant réussir par une feinte modestie, il renvoya l'ordre de Dannebrog: mais ce détachement affecté des honneurs & des pompes, n'eut rien moins que le succès qu'il en avoit attendu: la cour de Dannemarck reçut sa démission, & ne l'éleva point à la dignité ecclésiastique à laquelle il aspiroit.

M. de Zinzendorff trompé dans ses espérances, & fatigué de n'essuyer que des refus dans les cours des Souverains, prit le parti de n'avoir désormais d'autre protecteur que lui-même. L'Episcopat flattoit son ambition; il forma le dessein de se sacrer Evêque d'Hernhut & de Bertheldorff. Mais comme, avant que d'être Evêque, il falloit être Prêtre, il se rendit à Berlin, afin d'y recevoir l'ordination. Un Ecclésiastique peu scrupuleux, M. Daniel Ernest, Prédicateur de la cour de Prusse, conféra, dans son cabinet, le 22 may 1737, la prêtrise à cet enthousiaste. Ce qu'il y eut de singulier c'est que M. de Zinzendorff fut examiné par un Luthérien, & jugé digne de la prêtrise par un Réformé. Aussi partagea-t'il son église d'Hernhut en deux troupeaux ; l'un étoit Luthérien, & avoit un temple à Berthelsdorff, & l'autre Reformé, avoit une église dans le bourg d'Hernhut.

Fier de sa dignité, M. de Zinzendorff sentit redoubler son zèle & son enthousiasme. Il partit rapidement, revint, disparut encore: il alloit de tous côtés : on le voyoit par-tout où le nom d'Hernhut avoit pu pénétrer. Il n'employa que six mois à parcourir la Wétéravie, la Hollande & l'Angleterre. La Comtesse de Zinzendorff, son épouse, faisoit aussi des missions ; & sa beauté lui attiroit beaucoup de prosélites. Eschenberg, fougueux enthousiaste, succéda à Spangenberg, en Amérique, pays que ce dernier avoit préféré au séjour de l'incrédule Géorgie. La secte prospéroit beaucoup dans la Pensilvanie, en Livonie, ainsi que dans le Holstein.

Le nouvel Evêque s'arrêta quelques jours à Berlin, en 1738. Il crut que le clergé s'empresseroit de lui rendre les honneurs & les hommages qu'il pensoit mériter : il se flattoit aussi que les Prédicateurs l'engageroient à monter dans leurs chaires : mais il fut bien surpris de se voir refusé de toutes parts. Indigné de ce procédé il retourna dans la Wétéravie, où la populace & les femmes eurent pour lui la plus grande vénération.

Toutefois quoiqu'occupé du soin de répandre ses dogmes, M. de Zinzendorff ne négligeoit pas les biens terrestres. Les Comtes de Budingen pénêtrés de respect pour sa piété apparente & sa modestie affectée, cédèrent à Nitschmann & à Kongelstein, ses missionnaires, un terrein considérable près de la grande route de Budingen à Francfort. Cette cession fut faite le 24 Avril 1738, & avant le mois de Décembre ces deux missionnaires avoient fait déjà construire un bourg considérable, qui fut bientôt peuplé de Freres Hernhutes. M. de Zinzendorff fit une belle exhortation à sa nouvelle colonie, & partit pour l'Amérique, où il chanta ses cantiques, récita ses sermons, déploya son éloquence, fit des prédications, & ne tenta personne. Il profita d'un vent favorable, & revint à Tubinge. Il n'employa que trois mois à ce voyage, durant lequel il avoit même séjourné cinq semaines dans l'Isle St. Thomas. L'hyver suivant il visita les Cantons Suisses, & sans convertir personne, il eut la gloire d'édifier tout Basle par ses sermons.

Cette secte avoit encore des établissemens considérables dans la Livonie : le Sur-Intendant Fischer la protégeoit ouvertement à Riga ; à Revel, le Pasteur Vierroth la défendoit avec tout le zèle possible : on tentoit de l'introduire jusques dans Pétersbourg. Godefroi Polycarpe-Muller, célébre Directeur du Collège de Zittau, fut séduit par l'éloquence du Comte, & il eut la foiblesse d'abdiquer le poste honnorable qu'il remplissoit avec distinction, pour vivre méprisé dans la foule des insensés de Berthelsdorff.

M. de Zinzendorff étoit content autant que peut l'être un homme ambitieux, avare & fanatique, lorsqu'il se trouva tout-à-coup accablé de toutes parts; ses erreurs furent condamnées & sa secte proscrite. Ses disciples qui déjà parloient en maitres dans les lieux où ils s'étoient multipliés, furent chassés (en 1740) de presque tous les aziles qu'on avoit eu la foiblesse de leur accorder ; on les observa de près ; ils furent démasqués, & bannis pour toujours du pays d'Hannovre, de Lubeck, de la Poméranie Suédoise, & du Holstein-Royal. La proscription fut générale, & si violente, que tout autre que le Comte eut cru sa secte anéantie. Ces revers imprévûs ne l'étonnerent point : il indiqua une assemblée de Freres Hernhutes à Gotha: ils s'y rendirent tous : M. de Zinzendorff les harangua, les consola, les exhorta à demeurer inviolablement attachés au Hernhutisme; & comme Evêque, il expédia un acte d'excomunication en forme de lettre, à Vende & à son épouse, dont il retint la fille, attendu qu'elle étoit très-jolie. Voici cet acte singulier d'excomunication.

A mon cher Vende & à son épouse.

Quoique je vous tienne pour la proye assurée du diable, & que je vous croye, vous en particulier, femme de Vende, doublement enfant de l'enfer; je désire néanmoins que votre condamnation soit aussi douce qu'il se pourra. Ainsi, comme il est bien certain que tous vos enfans appartiennent au Sauveur, & qu'il n'y en a point qui m'inquiète autant que votre Magdelaine, qui fait tant de difficulté de se conformer aux intentions du Sauveur, & qui ne l'écoute pas, quoiqu'il lui crie: qui aime son pere ou sa mere plus que moi, n'est pas digne de moi ; *je déclare positivement que je souhaite que vous me livriés votre fille ; car quoique vous agissiés contre la loi en la retenant, vous ne laissez pas de tourmenter son ame. Les sept diables qui vous obsédent, vous permettent-ils donc de réfléchir ? Pensés y bien, & laissés votre fille en paix dans la société, pour son salut éternel & temporel. Je suis celui qui entends mieux vos intéréts que vous-mémes.* Signé Louis.

Ces discours, ces anathêmes & le vif enthousiasme que le Comte de Zinzendorff avoit l'art d'inspirer à ses auditeurs, firent sur les esprits une si grande impression, qu'ils jurèrent tous de sçeller ses erreurs de leur sang. Pour donner plus de force à leur association, ils élurent pour leur Evêque, en l'abfence du Comte, Muller, ce malheureux Muller fi fçavant, & fi peu fait pour paffer fa vie dans les ténébres de la fuperftition.

Cependant la cour de Gotha ne ménagea ni l'Evêque Muller, ni ceux qui l'avoient élevé à l'Epifcopat; elle difperfa l'affemblée, & rompit, autant qu'il dépendoit d'elle, toute efpèce de communication entre les Hernhutes. M. de Zinzendorff, foit pour diffiper fes chagrins, foit dans la vue d'attirer à Hernhut & à Berthelsdorff de nouveaux fanatiques, paffa à Wetzlar, d'où il envoya quelques difciples zélés & intrépides, les uns à Conftantinople, les autres à Alger, & quelques-uns à Surinam.

Par une bifarrerie tout auffi inconcevable que le caprice qui lui avoit infpiré de s'élever à la dignité d'Evêque, M. de Zinzendorff renonça, en 1741, à l'Epifcopat, & ne voulut deformais d'autres titres que ceux d'*Ancien*, de *Tuteur*, de *Serviteur* & d'*Econome du miftére de la croix*. Revêtu de ces titres modeftes, il partit pour Génève, revint quelques mois après à Hernhut, où il bènit quatorze mariages d'Hernhutes; c'eft-à-dire, qu'il confentit à l'union illicite de quatorze hommes fans mœurs avec quatorze femmes perdues. Il alla vifiter enfuite les Fréres établis dans la province d'Utrecht & ceux de l'Angleterre, où il s'embarqua pour passer en Amérique, accompagné de sa fille, jeune, fanatique, digne, à tous égards, d'un tel pere. Spangenberg, Nitschman & Anne, sœur de ce dernier, attendoient en Amérique M. de Zinzendorff, qui arriva vers le mois de Novembre à la Nouvelle-Yorck, & le 7 Décembre il étoit déjà occupé à répandre ses erreurs à Germantove, où il resta jusqu'à l'année suivante.

Anne, jeune, aimable, coquette, & plus encore, *Dame ancienne de toutes les sœurs*, avoit toute la confiance du Comte : elle étoit sa trésoriére, son amie, sa ménagère, son conseil & sa compagne ; il ne formoit aucun projet, qu'aussitôt il n'en rendît compte à Anne. Ils faisoient tous les soirs des promenades ensemble, & par respect, aucun Hernhute n'eut osé les suivre, tant on eut craint d'interrompre leurs pieuses conférences.

Toutefois M. de Zinzendorff, qui avoit renoncé aux honneurs de l'épiscopat, se fit consacrer de nouveau Prêtre Luthérien à Philadelphie. Il prit un Vicaire, & se donna, mais inutilement, beaucoup de soins pour attirer dans sa secte quelques Quakers, qui ne voulurent jamais renoncer à leur demence pour adopter les folies du Hernhutisme. En Amérique, il changeoit presque chaque jour de nom : on l'appelloit tantôt *Frere Hanau*, & tantôt *Frere Louis*. Il revint en Europe avec sa famille, vers la
fin

fin de l'année 1743, & approuva l'acquisition que Mde. Zinzendorff avoit faite de Brinkendorff, où elle avoit fondé une maison d'oraison. La vieille Générale de Hallart avoit aussi fondé une école pour les Hernhutes, sous le nom de Lanmsberg. Le gouvernement vit avec ombrage le concours d'imbéciles qui visitoient ces deux maisons, & il les fit bientôt fermer. Le Comte alla se plaindre de cet affront à Pétersbourg ; mais il fut reconnu ; la cour le fit enfermer dans la citadelle, d'où on le fit sortir le 12 Janvier 1744; il fut escorté par des gardes jusques sur les frontières de la Russie, avec les ordres les plus sévéres de n'y reparoitre jamais, lui, ni ses émissaires. Cet affront lui fit perdre entièrement le goût qu'il avoit eu jusqu'alors pour les voyages ; il jura de ne plus paroitre dans les cours, & renonçant même au séjour des villes, il ne s'éloigna plus de sa résidence d'Hernhut ; il se contenta de diriger de là ses missions, & de faire par ses écrits ce qu'il n'osoit plus entreprendre par lui-même.

La cour de Dresde ayant chargé quelques Docteurs d'examiner les principes, la doctrine & la discipline du Hernhutisme, le Comte sçut si bien déguiser ses dogmes & la licence de son culte, qu'il obtint des Commissaires les attestations les plus favorables. La cour trompée lui permit, sur la foi des examinateurs, de former de nouveaux établissemens, & de prendre, pour étendre sa secte, les moyens qu'il jugeroit les plus convenables.

Guftave Fréderic n'eut pas en Wétéravie autant d'indulgence pour les Hernhutes. Le Comte Erneft-Cazimir d'Ifembourg, son pere, leur avoit donné le chateau de Marienborn, où ils s'étoient infiniment multipliés. A-peine ce Prince fut mort, que Guftave son fils, les chaffa non-seulement de cet azile, mais encore de toute l'étendue de sa souveraineté. Ce n'eft ordinairement qu'à l'extinction totale d'une secte dangereuse qu'on connoit les vices de son inftitution. Le public étonné vit avec indignation l'odieuse constitution des Hernhutes, la licence outrée qui régnoit parmi eux, leur indulgence pour les vices les plus honteux, & leurs opinions ridicules & facrilèges sur les objets les plus sacrés. On apprit seulement alors par quels moyens ils étoient parvenus au dégré de considération qu'ils avoient usurpée; on découvrit leurs impoftures, leur ambition, leur avarice, & tous les attentats qu'ils avoient commis fous le voile d'un zéle ardent & refpectable.

Le 20 Mai 1746, M. de Zinzendorff maria fa fille ainée, Hernhute fanatique & femme fans pudeur, avec un de fes difciples (Michel Panggutt) jeune à la vérité, mais sans mœurs, comme sans biens, sans talent & sans nom. Le Comte, afin d'arracher son gendre à l'obscurité, le fit adopter par le Baron de Wateville, qui lui donna son nom. Les autres enfans du Comte moururent dans leur jeunesse, & quelque tems avant leur mere, qui décéda le 19 Juin 1756.

Accablé sous le poids de ses malheurs domestiques, désespéré de voir périr presque dans le même tems sa femme & ses enfans, de voir s'évanouir aussi ses espérances, ses projets, & d'être hors d'état de relever la gloire du Hernhutisme abbatu, ou de rassembler ses disciples proscrits & dispersés, le sensible Nicolas Louis Comte de Zinzendorff mourut à Hernhut entre les bras de ses enthousiastes le 9 Mai 1760, âgé de 60 ans.

Sa secte subsiste encore; mais foible & languissante, en Hollande sur tout où elle a un établissement, à deux lieues d'Utrecht. Il est à présumer que ce chef n'étant plus, elle s'anéantira bientôt d'elle même, comme s'anéantissent tôt ou tard, tous les cultes fondés sur les erreurs, la crédulité publique, la terreur, l'ignorance, la dépravation des mœurs, l'entousiasme & les superstitions.

Telle a été la vie du Comte Louis de Zinzendorff. C'est d'après les mémoires les plus surs que j'ai écrit l'histoire de cet homme singulier, & d'après ses ouvrages que j'ai rapporté quelques uns de ses dogmes, les erreurs & les extravagances de sa doctrine. Les habitans des principales villes d'Allemagne ont été plusieurs fois les témoins de son délire. Par quelle inconcevable bizarrerie, cet homme si ridicule à tous égards, & qui eut été trop dangereux s'il eut été moins inconséquent, a t'il donc trouvé des Apologistes; & comment a-t'on souffert que son éloge se glissât dans un ouvrage consacré aux vérités les plus utiles? en un mot, comment les Editeurs de l'*Encyclopedie* ont ils souffert qu'on insérât dans leur Dictionnaire un long article, en faveur du Comte de Zinzendorff & à l'honneur du Hernhutisme ? Mais encore dans quelles sources les Auteurs de cet article, faux dans toutes ses parties, ont-ils puisé les faits qu'ils y racontent ? Que dans l'accès de son entousiasme, quelque fanatique Hernhute eut publié une telle apologie, je n'en serois pas surpris : mais que des Ecrivains réunis en corps de nation, & ligués contre les préjugés, les erreurs & les superstitions, ayent consenti à devenir eux-mêmes les panégyristes du Comte Louis de Zinzendorff & de sa ridicule secte, c'est ce que l'univers que ces Auteurs ont eu la généreuse ambition d'éclairer, aura de la peine à comprendre.

FIN.

TABLE

Des Chapitres contenus dans le Tome I.

*A*Vertissement. pag. 1
Préface. v
Chapitre I. *De l'erreur & de l'incertitude des jugemens.* 9
Chap. II. *Qu'est-ce que l'ame ?* 16
Chap. III. *Des deux anciennes causes, universelles & toujours existentes des erreurs & des superstitions.* 33
Chap. IV. *Les anciens étoient-ils plus sçavans que nos peres ? Nos peres étoient-ils plus ignorans que nous ?* 51
Chap. V. *Y a t'il autant de superstitions qu'on le croit communément ? Qu'est-ce que la superstition ? A quels signes peut-on la reconnoître ?* 58
Chap. VI. *De la diversité des anciens cultes.* 71
Chap. VII. *Des sacrifices & des victimes humaines.* 87
Chap. VIII. *Des oracles & des présages.* 104
Chap. IX. *De l'astrologie judiciaire.* 123
Chap. X. *De la magie.* 139
Chap. XI. *De la sorcellerie, des sorciers & des sortiléges.* 152
Chap. XII. *Des enchantemens.* 169
Chap. XIII. *Des songes.* 181

Table des Chapitres.

CHAP. XIV. *Des Phantômes, Spectres, ou Revenans.* 191
CHAP. XV. *Des Imposteurs.* 206
CHAP. XVI. *De la naissance & des premieres années d'Apollone de Tyane.* 224

Fin de la Table du Tome I.

TABLE

Des Chapitres contenus dans le Tome II.

CHAPITRE XVII. *Des voyages d'Apollone & de ses fourberies.* 3
CHAP. XVIII. *Fourberies d'Apollone de Tyane, érigées en miracles par la superstition.* 32
CHAP. XIX. *Du danger, de la diversité & de l'universalité des superstitions.* 53
CHAP. XX. *Continuation du même sujet.* 71
CHAP. XXI. *Si partout où il y a des hommes, il y a aussi des superstitions, de quel bien peuvent-elles être ?* 86
CHAP. XXII. *Des superstitions, de la doctrine & des mœurs des Arabes, lors de la naissance de Mahomet.* 98
CHAP. XXIII. *Des différentes opinions sur Mahomet.* 113
CHAP. XXIV. *De la naissance de Mahomet.* 118

Table des Chapitres.

CHAP. XXV. *De l'enfance de Mahomet.* 124

CHAP. XXVI. *Des premières actions de Mahomet.* 128

CHAP. XXVII. *Du mariage de Mahomet.* 132

CHAP. XXVIII. *Soins que Mahomet prend pour disposer les esprits à recevoir l'Islamisme.* 137

CHAP. XXIX. *Premières impostures de Mahomet, secondée par la superstition des Arabes.* 141

CHAP. XXX. *Vision de Mahomet. Progrès de l'Islamisme.* 154

CHAP. XXXI. *Quel étoit le moyen le plus sur que Mahomet put mettre en usage pour achever d'asservir les Arabes.* 167

CHAP. XXXII. *Continuation du même sujet.* 174

CHAP. XXXIII. *De l'Alkoran & de son véritable Auteur.* 185

CHAP. XXXIV. *Cruauté de Mahomet. Stupidité de ses Disciples.* 199

CHAP. XXXV. *Débauches de Mahomet. Aveuglement de ses Disciples.* 212

CHAP. XXXVI. *Mahomet fut-il superstitieux, fanatique, ou imposteur. Son caractère.* 222

CHAP. XXXVII. *Si Mahomet étoit né de nos jours, dans quels païs eut-il pû*

Table des Chapitres.

se flatter de fonder sa religion. 227

CHAP. XXXVIII. *Quels furent les égaremens, les erreurs, les faux principes & les dogmes du Comte de Zinzendorff, Chef de la secte des Hernhutes ?* 242

CHAP. XXXIX. *Continuation du même sujet.* 255

Fin de la Table.